समाचार-पत्र प्रबन्धन

पत्रकारिता एवं जनसंचार ग्रन्थमाला-9

समाचार-पत्र प्रबन्धन

गुलाब कोठारी

सम्पादक
अरविन्द चतुर्वेदी

राधाकृष्ण प्रकाशन

ISBN : 978-81-7119-844-3

समाचार-पत्र प्रबन्धन

पहला संस्करण : 1992
परिवर्तित और परिवर्द्धित संस्करण : 2003
तीसरा संस्करण : 2014
पहली आवृत्ति : 2022

मूल्य : ₹395

प्रकाशक

राधाकृष्ण प्रकाशन प्राइवेट लिमिटेड
जी-17, जगतपुरी, दिल्ली-110 051

शाखाएँ : अशोक राजपथ, साइंस कॉलेज के सामने, पटना-800 006
पहली मंजिल, दरबारी बिल्डिंग, महात्मा गांधी मार्ग, प्रयागराज-211 001
36 ए, शेक्सपियर सरणी, कोलकाता-700 017

वेबसाइट : www.radhakrishnaprakashan.com
ई-मेल : info@radhakrishnaprakashan.com

मुद्रक

बी.के. ऑफसेट
नवीन शाहदरा, दिल्ली-110 032

SAMACHAR-PATRA PRABANDHAN
by Gulab Kothari
Edited by Arvind Chaturvedi

दो शब्द

आज आम शिकायत यह है कि सम्पादक नाम की संस्था का लोप हो रहा है। जहाँ संस्था मौजूद है वहाँ या तो प्रतीकात्मक है या उसके कार्य अधिकार, विवेक और निर्णय का दायरा घटता जा रहा है। वैश्वीकरण की अदम्य आँधी ने समाचार-पत्रों को भी एक बाजार की वस्तु का रूप ग्रहण करने के लिए बाध्य कर दिया है। ऐसी स्थिति में समाचार-पत्रों में प्रबन्धन की महत्ता और महिमा निरन्तर बढ़ती जा रही है।

समाचार-पत्र का एक व्यावसायिक वस्तु बनकर रह जाना दर्दनाक हादसा है। बाजारजनित दृष्टिकोण के कारण समाज में समाचार-पत्र के स्थान, सम्मान और विश्वसनीयता में परिवर्तन की प्रक्रिया धीरे-धीरे चल रही है। सौभाग्य से बाजार के अंधड़ से भिड़ने की कोशिश भी कुछ समाचार-पत्र कर रहे हैं। हम उनके साथ हैं।

इस माहौल में समाचार-पत्र प्रबन्धन के सम्बन्ध में एक ऐसी परिपक्व दृष्टि की जरूरत है जो बाजार की बढ़ती हुई ताकत की

व्यावहारिक जरूरतों को ध्यान में रखते हुए उन बुनियादी मूल्यों पर अडिग रहने की कला, दृष्टि और शक्ति दे, जिसके कारण समाचार-पत्रों ने लोकतन्त्र के चौथे स्तम्भ का दर्जा पाया है। पत्रकारिता के पुरोधा श्री गुलाब कोठारी की इस पुस्तक से यह सब मिल सकेगा, ऐसा हमारा विश्वास है।

दूसरे संस्करण के प्रकाशन के लिए राधाकृष्ण प्रकाशन, नई दिल्ली, ने जो उत्साह दिखाया है उसके लिए हम आभारी हैं।

जून, 2003

—शरद चन्द्र बेहार

महानिदेशक

प्राक्कथन (प्रथम संस्करण)

यह पुस्तक क्यों ?

आजादी मिलने के बाद हिन्दी भाषा और साहित्य बहुत समृद्ध हुआ है और उसमें अभिव्यक्ति की क्षमता व अभिव्यक्ति का दायरा बढ़ा है। लेखन में विविधता भी आई है, तथा विज्ञान अथवा दर्शन से सम्बन्धित अनेक विषयों पर हिन्दी में बहुत कुछ लिखा जाने लगा है, लेकिन कड़वी सच्चाई यह है कि आज भी कई विषयों के अध्ययन के लिए अधिकतर अंग्रेजी भाषा में लिखी गई पुस्तकों का सहारा लेना पड़ता है। पत्रकारिता एवं जनसंचार जैसे विषयों पर भी हिन्दी में पाठ्य एवं सन्दर्भ पुस्तकें बहुत कम हैं। जो हैं, उनमें से जिन्हें पूर्ण कहा जा सके, ऐसी पुस्तकें नगण्य हैं। इसीलिए माखनलाल चतुर्वेदी राष्ट्रीय पत्रकारिता विश्वविद्यालय ने अपने उद्देश्यों एवं कार्यक्रमों में इस बात को महत्त्व दिया है कि वह हिन्दी एवं अन्य भारतीय भाषाओं में पत्रकारिता, जनसंचार तथा विज्ञापन सम्बन्धी पाठ्य-पुस्तकें एवं सन्दर्भ-ग्रन्थ तैयार कराएगा। कोशिश तो यही है कि मौलिक

ग्रन्थ लिखे जाएँ, लेकिन अधिकृत माने जानेवाले कुछ ग्रन्थों का अंग्रेजी या दूसरी भाषाओं से हिन्दी में रूपान्तर भी कराया जाएगा ताकि उच्च स्तर पर अध्ययन के लिए हिन्दी में पर्याप्त सामग्री उपलब्ध हो सके। इससे शोध के कार्य को बढ़ावा मिलेगा तथा भाषा की कठिनाई के कारण उच्च अध्ययन की कठिनाई भी दूर हो सकेगी। मौलिक लेखन को प्रोत्साहित करने के लिए यह जरूरी है।

इस उद्देश्य की पूर्ति के लिए कार्य शुरू हो चुका है। फिलहाल तीन कार्यक्रम हाथ में लिए गए हैं (1) पाठ्य-पुस्तकों का प्रकाशन, (2) सन्दर्भ-ग्रन्थों का प्रकाशन, और (3) देश में जनजागृति, समाज-सुधार एवं राष्ट्रीय उत्थान के क्षेत्र में उल्लेखनीय योगदान देनेवाले अखबारों और लेखनी के धनी पत्रकारों पर पुस्तकों का प्रकाशन। इसमें सभी भारतीय भाषाओं के ख्यातनाम पत्रों एवं पत्रकारों पर लिखा जाएगा। तीनों ही प्रकार की पुस्तकों के लेखन में हमने तत्परता से पहल की है और यह पुस्तक पाठकों के हाथ में सौंपते हुए हमें अत्यधिक हर्ष हो रहा है। विद्यार्थियों को इससे विशेष लाभ होगा। नए विषयों की पुस्तकें तैयार होते ही प्रकाशित होंगी। साधन सुलभ होते ही इन पुस्तकों का रूपान्तर दूसरी भारतीय भाषाओं में भी शुरू किया जाएगा। इसी क्रम में अन्य भारतीय भाषाओं की इन विषयों की महत्त्वपूर्ण पुस्तकों का हिन्दी में रूपान्तर कराया जाएगा। इससे भारतीय भाषाओं में परस्पर आदान-प्रदान से आपसी तालमेल स्थापित होगा तथा वे अधिक समृद्ध एवं सक्षम बनेंगी।

अपनी स्थापना के पहले ही वर्ष में इस विश्वविद्यालय ने इस महत्त्वाकांक्षी योजना को हाथ में लिया है, जिससे देश के अन्य हिस्सों के विद्यार्थी भी लाभान्वित होंगे। पत्रकारिता के व्यवसाय में लगे मित्र खासकर नए पत्रकार भी इससे लाभ उठा सकेंगे। हमारी योजना फेलोशिप देकर कुछ उपयोगी एवं आवश्यक विषयों पर बड़े ग्रन्थ तैयार कराने की भी है। इस प्रकार पत्रकारिता एवं जनसंचार की विधाओं में कुशलता बढ़ाने में तथा उन्हें ज्यादा ऊँचाई पर पहुँचाने में मदद मिलेगी।

इस पुस्तक को तैयार करने में लेख के अलावा इस विश्वविद्यालय के मेरे सभी सहयोगियों ने बहुत कम समय में सारे कार्य को अंजाम दिया है। वे सभी बधाई के पात्र हैं। मुद्रक मित्रों ने जिस उत्साह से कम समय में छपाई का काम किया, वह प्रशंसनीय है।

राधेश्याम शर्मा

1991 पूर्व महानिदेशक

विषय-सूची

भूमिका

हर शिक्षित व्यक्ति का यह दायित्व है कि वह समाज को दिशा दे। वैदिक काल से यह कार्य हमारे देश में ऋषि-मुनि करते आए हैं। वे जनता का मार्गदर्शन करने के लिए नित्य विचरण करते थे तथा लोगों की आवश्यकताओं के अनुरूप उन्हें प्रकृति तथा जीवन मूल्यों की जानकारी दिया करते थे। यह कार्य तो आज भी हो रहा है, किन्तु हमारी आवश्यकताएँ और वैचारिक धरातल बहुत बदल गए हैं। वैज्ञानिक और औद्योगिक प्रगति ने साधन और सुविधाओं का ऐसा व्यापक विकास किया है कि हमारी जानकारी प्राप्त करने की इच्छा और उसके विषय उसी तेजी से बढ़ते चले गए। कुछ विषयों की जानकारी तो शहरी और शिक्षित समाज के लिए भोजन और निद्रा की तरह आवश्यक हो गई।

माध्यम विकसित हुए, पहले प्रदर्शनात्मक और मुद्रण कला के विकास के बाद समाचार-पत्र। अब तो इलेक्ट्रानिक मीडिया ही आज के युग की पहचान बन गया है। पत्रकारों की भूमिका का व्यापक स्तर पर विकास हुआ। समय के साथ देश के विकास में अपने योगदान से पत्रकारों ने अपनी विशेष पहचान बनाई।

लोकतान्त्रिक देशों में समाचार-पत्रों का उत्तरदायित्व कम नहीं होता।

लोकतन्त्र के प्रति संकल्पवान होना, अपने पाठकों की जागरूकता बनाए रखना एवं अपनी नीतियों को राजनीतिक धरातल पर स्पष्ट रखते हुए शासन-तन्त्र को दिशा देना, उसकी जिम्मेदारी है, समाचार-पत्रों से ही यह आशा की जाती है कि आकलन करते हुए शासकों को दायित्वबोध कराते रहें।

लोकतन्त्र में पत्रकारों की भूमिका अतीव महत्त्वपूर्ण होती है, अतः जहाँ पत्रकार के लिए अपना दायित्वबोध महत्त्वपूर्ण है वहीं सामाजिक और राष्ट्रीय परिवेश में उसकी दृष्टि का विकास भी उतना ही आवश्यक है। लिखने का तकनीकी ज्ञान तो साधारण अभ्यास से कुछ ही महीनों में आ जाता है, किन्तु स्वभाव और व्यवहारगत ज्ञान बिना समर्पण भाव के नहीं आता। इसके लिए यह आवश्यक है कि व्यक्ति अपने कार्य को लक्षित भी करे। यह लक्ष्य कम से कम आजीविका से तो ऊपर ही होना चाहिए। यहीं से प्रबन्धन का कार्य शुरू होता है। प्रबन्धन न केवल अपने प्रकाशन का लक्ष्य तय करता है, अपितु अपने समाचार-पत्र के पत्रकारों को विभिन्न तरीकों से लक्ष्य प्राप्ति की दिशा में प्रोत्साहित भी करता रहता है। पत्रकारों के कार्य को सुचारु रूप से एवं समय पर प्रकाशित करने एवं वितरित करने का कार्य प्रबन्धन ही करता है।

परम्परागत रूप से किसी कुम्हार, लुहार या खाती की तरह हमारे देश में न पत्रकार तैयार होते हैं और न तेजी से बदलती तकनीकों के समकक्ष तकनीकी कर्मचारी। छोटे शहरों और कस्बों में तो प्रशिक्षण भी सम्भव नहीं हो पाता। दूसरी बड़ी समस्या है आज की शिक्षा-पद्धति। इससे निकला हुआ छात्र भारत के सांस्कृतिक एवं लोकजीवन के धरातल को सामान्यतः स्वीकारता नज़र ही नहीं आता। ऐसी स्थिति में किसी भी समाचार-पत्र को देश के कस्बों और गाँवों से, जहाँ देश की आत्मा बसती है, जोड़ना तो लगभग असम्भव ही हो जाता है। आज समाचार-पत्र प्रबन्धन एक चुनौतीपूर्ण कार्य हो गया है। पाठकों की सामान्यतः निम्न क्रय-शक्ति और शिक्षा के मद्‌देनज़र आज का प्रबन्धन उत्पादन और विपणन की समस्याओं से संघर्षरत है।

चूँकि प्रबन्धन के लिए समाचार-पत्र एक व्यापारिक उत्पाद भी है, अतः इसकी गुणवत्ता बनाए रखना, बाजार में उपलब्ध अन्य समाचार-पत्रों की गुणवत्ता तथा विपणन रणनीतियों पर दृष्टि रखना एवं साथ ही साथ अपने समाचार-पत्र के प्रति पाठकों की राय जानने का क्रम जारी रखना भी आवश्यक है। भारत जैसे विकासशील देश में ये सभी कार्य आसान नहीं हैं। शिक्षा और अर्थव्यवस्था का

पिछड़ापन विकास की गति में सबसे बड़े अवरोधक हैं। वहीं दूसरी ओर समाचार-पत्र दिन-प्रतिदिन महँगे होते जा रहे हैं। इन परिस्थितियों में समाचार-पत्र का विकास प्रभावी रूप से पत्रकार और पाठकों के बीच वैचारिक एकरूपता पर ही अधिक निर्भर करता है।

अच्छा प्रबन्धक एक ओर जहाँ अपने अधीनस्थ कर्मचारियों के कार्यों की समीक्षा कर, उसकी सीमा तय करता है वहीं दूसरी ओर कार्य के लिए अच्छा वातावरण बनाना, विभिन्न विभागों के कार्यों में समन्वय बनाए रखना एवं अन्त में अच्छे-बुरे परिणामों की जिम्मेदारी स्वयं लेते हुए कुशल नेतृत्व प्रदान करना भी उसी के जिम्मे है।

एक और बात जो समाचार-पत्र प्रबन्धन के साथ सदा बनी रहती है, वह है उसके पाठकों का आर्थिक, सामाजिक एवं शैक्षणिक स्तर। एक समाचार-पत्र को इसी परिप्रेक्ष्य के साथ विकसित होना पड़ता है, अतः आप यह मान सकते हैं कि समाचार-पत्रों का विकास एक अर्थ में सामाजिक विकास का सूचक भी है और उसमें प्रकाशित सामग्री बदलते सामाजिक मूल्यों का प्रतिबिम्ब। प्रबन्धन की सफलता तो वास्तव में इस बात से भी आँकी जानी चाहिए कि उसकी नीतियों के अन्तर्गत उसके समाचार-पत्र का सामाजिक विकास में क्या योगदान है तथा बदलते जीवन मूल्यों के साथ देश की आत्मा को किस तरह व किस स्तर तक वह जीवन्त रखे हुए है। जैसे-जैसे यह आत्मा समाचार-पत्र के पृष्ठों से निकलती जाएगी, उसी गति से समाचार-पत्र भी पाठकों से स्वतः ही सिमटता चला जाएगा। हमारे देश में अंग्रेजी भाषा के समाचार-पत्र इस बात के ज्वलन्त उदाहरण हैं, जो आजादी के 44 वर्ष बाद भी ग्रामीण क्षेत्रों में अपना स्थान नहीं बना पाए हैं। भविष्य में तो सम्भावना ही नहीं है।

तकनीकी विकास ने तो समाचार-पत्रों के स्वरूप को लगभग बदल ही डाला है। अत्याधुनिक मशीनों ने न केवल कम्पोजिंग तथा सजावटी सुन्दरता को ही बढ़ाया बल्कि साथ-साथ छपाई की उत्कृष्ट क्षमता का परिचय भी पाठकों को दिया। रंगीन छपाई ने तो दैनिक समाचार-पत्रों के प्रति पाठकों की कल्पना को ही बदल डाला। आज छोटे एवं मझले समाचार-पत्रों के प्रबन्धन के सामने सबसे बड़ी चुनौती यह है कि वे किस प्रकार बड़े समाचार-पत्रों की इस तकनीकी उत्कृष्टता का सामना करें।

अच्छे प्रबन्धन की दृष्टि सदा भविष्य पर रहती है। आने वाले समय में

कौन-सी नई तकनीक का उपयोग करना है, आर्थिक संसाधन कहाँ से और कितने जुटाने हैं तथा इन सब परिस्थितियों के बीच अपने कर्मचारियों के सुख-दुःख को बाँटते हुए किस प्रकार उनके मनोबल को ऊँचा बनाए रखना है। किस प्रकार उनके कार्यकलापों को लक्षित किए रखना है, ताकि सदा दूसरों से आगे बने रहें। अपने विज्ञापनदाता एवं पाठकों के प्रति पूरा सम्मान बनाए रखना भी उतना ही आवश्यक है। कुशल प्रबन्धन के नेतृत्व में इन्हीं दो पहियों पर समाचार-पत्र का रथ आगे बढ़ता है।

यहाँ एक बात विशेष रूप से उल्लेखनीय है कि हमारे देश में शायद ही कोई उद्योग ऐसा हो जिस पर समाचार-पत्रों की तरह से प्रत्यक्ष या परोक्ष रूप से इतना अधिक सरकारी नियन्त्रण हो। समाचार-पत्र उद्योग की मूल आवश्यकता अखबारी कागज है, जिसका उत्पादन ही सरकारी क्षेत्र में है। उसका आवंटन भी समाचार-पत्रों के पंजीयक (REGISTRAR OF NEWSPAPERS FOR INDIA) द्वारा होता है और विदेशी कागज का आयात भी राज्य व्यापार निगम (STATE TRADING CORPORATION) के माध्यम से ही होता है। सरकारी विज्ञापनों की दरें सदैव व्यापारिक विज्ञापनों की दरों से कम होती हैं एवं उन्हें भी सरकारी एजेन्सी विज्ञापन और दृश्य प्रचार निदेशालय (DIRECTORATE OF ADVERTISEMENT AND VISUAL PUBLICITY) ही तय करती है। यही एजेन्सी यह भी तय करती है कि किस समाचार-पत्र को कितने सरकारी विज्ञापन दिए जाएँ। विशेष परिस्थितियों में जिला कलेक्टर भी अपने अधिकारों का प्रयोग करके किसी समाचार-पत्र का प्रकाशन अस्थायी रूप से रोक सकता है।

प्रस्तुत पुस्तिका में समाचार-पत्र प्रबन्धन की विभिन्न गतिविधियों का स्थूल विवेचन किया गया है। आशा है, पाठकों को समाचार-पत्र संस्थान की मूलभूत जानकारियाँ इससे हो सकेंगी। यद्यपि सुविधा की दृष्टि से ये खंडरूप में दी गई हैं, फिर भी उचित यह होगा कि किसी भी खंड को स्वतन्त्र न मानकर एक-दूसरे के पूरक रूप में देखा जाए।

—गुलाब कोठारी

1

सम्पादकीय विभाग
(EDITORIAL DEPARTMENT)

1.1 किसी भी समाचार-पत्र संस्थान का मुख्य गतिविधि का केन्द्र या उसका हृदय उसका सम्पादकीय विभाग होता है। इस विभाग का मुख्य कार्य समाचारों एवं विचारों का संकलन और उनका सम्पादन करना होता है। शेष सभी विभाग इसी विभाग की परिधि में कार्य करते हैं। सम्पादकीय विभाग के सभी कर्मचारी पत्रकार कहलाते हैं। इस विभाग में जो डैस्क पर कार्य करते हैं उनको सम्पादक और जो कार्यालय के बाहर से, विभिन्न क्षेत्रों से, समाचार संकलन का कार्य करते हैं उनको संवाददाता कहते हैं। विभिन्न नगरों या क्षेत्रों से समाचार संकलित कर भेजनेवालों को भी संवाददाता ही कहा जाता है। कुछ विशिष्ट क्षेत्रों के विशेषज्ञ भी समाचार संकलन का कार्य करते हैं। ये विशेष संवाददाता की श्रेणी में आते हैं।

1.2 समय के साथ पत्रकारिता के आयाम बदले हैं। आज सही अर्थों में देखें,

तो समाचारों की परिभाषा भी बदल गई है। जिस बात या घटना को छिपाने का प्रयास किया जाता है उसी को साधारणतया समाचार माना जाने लगा है। वैसे 'समाचार' शब्द की व्याख्या कई स्थानों पर कई तरह से हुई है। कुछ स्थानों पर सामाजिक एवं सार्वजनिक महत्त्व की सूचनाओं को ही समाचार माना गया है, तो डाकघर नियम में राजनीतिक घटनाओं की सूचना पर अधिक बल दिया गया है।

वैसे 'समाचार' आमतौर पर उस सूचना अथवा विवरण को कहते हैं जिसमें हाल ही में घटी किसी घटना की जानकारी का समावेश हो, जैसे—सन्देश, समीक्षा, रपट, विवरण, सलाह, निर्देश, खोज, प्रचार, कथा, श्वेत-पत्र, घोषणा, घोषणा-पत्र, विज्ञप्ति, वक्तव्य आदि।

आजकल खोजी पत्रकारिता का महत्त्व दिन-प्रतिदिन बढ़ रहा है। आज का पत्रकार केवल आँखों देखी बात को कागज पर उतारनेवाला व्यक्ति नहीं रह गया है वरन् उससे अपने विशिष्ट दायित्व के निर्वहन की आशा की जाती है। जो पत्रकार इस दृष्टि से जागरूक होते हैं एवं अपने पाठकों को वस्तुस्थिति की सूचना देते रहते हैं या देने में सक्षम होते हैं, उनके प्रति पाठकों का विश्वास दृढ़ बनता है। इन अपेक्षाओं को मूर्त रूप देनेवाला पत्रकार निश्चित ही स्वतन्त्र प्रकृति का होगा तथा साथ ही उत्साही एवं बहुमुखी प्रतिभा का धनी भी होगा।

1.3 सम्पादकीय विभाग का प्रमुख सम्पादक होता है। सम्पादक अपने समाचार-पत्र का दृष्टा होता है। नीति-निर्धारण का सम्पूर्ण दायित्व सम्पादक पर ही होता है। समाचार-पत्र की विश्वसनीयता एवं पाठकों के बीच उसका सम्मान इस बात पर निर्भर करता है कि पाठकों के साथ सम्पादक का कितना जीवन्त सम्पर्क है; उसका समाचार-पत्र किस सीमा तक अपने पाठकों पर सही प्रतिबिम्ब प्रस्तुत कर सकता है; वह अपने अखबार को व्रत-रूप में चला रहा है या वृत्ति रूप में। अपने साथियों के लिए अवसर बनाना, उन्हें मार्गदर्शन प्रदान करना एवं दृष्टि देने का कार्य सम्पादक का ही है। पत्रकारिता के सिद्धान्तों की सीमा में अपने समाचार-पत्र का स्वरूप तय करना, अन्य माध्यमों की तुलना में अपने पृष्ठों की समीक्षा करना तथा जो कुछ उपलब्ध हो उसका उपलब्ध समय एवं स्थान के अनुरूप श्रेष्ठ तरीके से उपयोग करना सम्पादक का कार्य होता है।

1.4 सम्पादक जहाँ प्रबन्धक के साथ अपने पत्र की नीतियों का निर्धारण करने में भागीदारी निभाता है, वहीं उन नीतियों का क्रियान्वयन भी वही करता है और उसी के अनुरूप अपनी टीम तैयार करता है। संवाददाताओं एवं विशेष

लेखकों और समीक्षकों की नियुक्ति करता है, सम्पादकीय पृष्ठ का प्रारूप बनाता है। जहाँ सम्पादक की दृष्टि एक ओर समाचारों पर रहती है वहीं दूसरी ओर वह डैस्क के कार्यों को भी निरन्तर देखता रहता है। पूरे विभाग की गतिविधियों का एक सम्पूर्ण चित्र सदा उसके सामने रहता है। एक कुशल प्रशासक की तरह विभाग के एक-एक व्यक्ति के कार्य एवं व्यवहार की जानकारी उसकी अँगुलियों पर रहती है। सम्पादक अपने समाचार-पत्र की दैनिक समीक्षा भी करता है। बड़े समाचार-पत्रों में यह एक बैठक के रूप में की जाती है। इसमें समाचारों का स्तर, उनका प्रस्तुतीकरण, उनका प्लेसमेंट, समाचारों का विस्तार एवं अन्य पत्रों के साथ उनकी तुलना की जाती है। इन्हीं बैठकों में भावी कार्यक्रमों की चर्चा भी होती है। उनके लिए पृष्ठभूमि तैयार करना, चित्रों आदि की व्यवस्था करना, डायरी में वर्णित कार्यों का आवंटन करना एवं दौरे आदि की योजनाओं पर भी चर्चा होती है। संशोधन और खंडन जैसे विषयों पर विस्तार से चर्चा होती है। यदि समाचार-पत्र एक से अधिक केन्द्रों से प्रकाशित होता है तब अन्य केन्द्रों की सम्पादकीय गतिविधियों पर भी विस्तार से चर्चा इन बैठकों में होती है।

1.5 सम्पादक के मुख्य सहयोगी के रूप में समन्वय का कार्य करता है प्रबन्ध-सम्पादक। इसका मुख्य कार्य पत्रकारों एवं प्रबन्धकों के व्यावसायिक हितों के बीच तालमेल बनाए रखना है। प्रबन्ध-सम्पादक विभिन्न विभागों के सम्पर्क में रहता है एवं व्यवस्था सम्बन्धी सभी कार्यों को देखता है, वह चाहे किसी केन्द्र से प्रकाशित होनेवाले विभिन्न संस्करणों का समय हो या किसी स्थान विशेष के अंक की बढ़ती प्रसार संख्या का प्रश्न हो, या चाहे टेलीप्रिन्टर व्यवस्था या समाचार एजेन्सियों का कोई मुद्दा हो। विभिन्न केन्द्रों को भेजी जानेवाली सामग्री या वहाँ से प्राप्त होनेवाली सामग्री, साधारण स्तर की भर्ती, वेतन कर्मचारियों के कल्याण एवं कार्य हेतु उचित वातावरण बनाने जैसे कार्योंको प्रबन्ध-सम्पादक देखता है। अपने संवाददाताओं की आवश्यकता के अनुरूप उनकी यात्रा की व्यवस्था, विशेष सरकारी अनुमति-पत्रों की व्यवस्था, उनका अधिस्वीकरण (Accreditation), साथ ही उनको अपने कार्य के लिए उपयुक्त संचार सम्बन्धी या यात्रा सम्बन्धी सुविधाएँ उपलब्ध कराना या उनकी व्यवस्था कराने का कार्य प्रबन्ध-सम्पादक ही देखता है। उसकी दृष्टि इस बात पर भी रहती है कि अगली पीढ़ी के लोग भी लेखन कार्य में समय के साथ आगे आते रहें।

समाचार-पत्र की संवैधानिक अथवा न्यायिक आवश्यकताओं की पूर्ति करने

का कार्य भी प्रबन्ध-सम्पादक के पास ही रहता है। आमतौर पर अपने क्षेत्रीय संवाददाताओं की बैठकें आयोजित करना एवं अपने पत्र के बारे में उनकी तथा पाठकों की राय जानने का कार्य प्रबन्ध-सम्पादक ही किया करता है। राय जानकर संस्करण में उसके अनुरूप संशोधन करना, उनके समय के पुनर्निर्धारण एवं उसी अनुरूप कम्पोज़िंग एवं पेज बनाने के समय में भी परिवर्तन किया जाता है। प्रबन्ध सम्पादक का एक अतीव महत्त्वपूर्ण कार्य है डाक एवं तार विभाग से सम्बन्धित तार, टेलीफोन, टेलीप्रिन्टर, फैक्स के अधिकारियों के साथ सम्पर्क स्थापित कर व्यवस्था को सुचारू बनाए रखना। यह समाचार-पत्र संस्थान की रीढ़ होती है।

1.6 प्रबन्ध-सम्पादक के बाद आमतौर पर संयुक्त-सम्पादक होता है। और उसके बाद सहायक सम्पादक। नगर संस्करण या रात्रि के मुख्य कार्य समाचार-सम्पादक देखता है तथा विभिन्न कार्यालयों में एवं डेस्कों के बीच समन्वय का कार्य मुख्य उप-सम्पादक देखा करता है। उप-सम्पादक आमतौर पर विभिन्न संस्करणों पर कार्य करता है। साथ ही दैनिक समाचारों की छँटनी करना, विशेष अभियानों पर कार्य करना एवं पृष्ठ-सज्जा का कार्य आदि भी उप-सम्पादक करता है। यहाँ यह लिखना उचित होगा कि दिन के समय में आमतौर पर सम्पादकीय पृष्ठ का कार्य होता है। सम्पादकीय लेख के अतिरिक्त इस पृष्ठ की सामग्री आमतौर पर तारीख के हिसाब से महत्त्वपूर्ण नहीं होती, किन्तु समाचार-पत्र की मूल पहचान तैयार करनेवाली होती है। रात्रि में जो कार्य होता है, वह आमतौर पर उसी दिन के समाचारों पर आधारित होता है। लघु एवं मध्यम समाचार-पत्रों में कई संवाददाता तो अंशकालिक होते हैं, जिनमें आमतौर पर सांस्कृतिक, खेलकूद, विधि, वाणिज्यिक संवाददाता एवं कुछ छायाकार आते हैं।

मेरे समाचार-पत्र के मुख्य केन्द्र के सम्पादकीय विभाग में अभी लगभग 40 सदस्य हैं—सम्पादक-1, प्रबन्ध सम्पादक-1, स्थानीय सम्पादक-1, संयुक्त सम्पादक-2, समाचार-सम्पादक-2, मुख्य उप-सम्पादक-3, वरिष्ठ उप-सम्पादक-4, उप-सम्पादक-12, कनिष्ठ उप-सम्पादक-2 तथा प्रशिक्षणार्थी-4 हैं। संवाददाता स्थानीय-6 और अंशकालीन-4 के अतिरिक्त अनुवादक एवं अन्य कर्मचारी 4 हैं। इस विभाग की विशेषता यह है कि यहाँ जितना जोर लेखन तकनीक पर है उतना ही पाठकों के वैचारिक धरातल पर बने रहने पर भी है। दृष्टि का विकास इस तरह से किया जाता है कि समाचार-पत्र में भारतीय संस्कृति की झलक दिखाई पड़ती रहे।

1.7 हमारे देश में पिछले कुछ वर्षों से समाचार-पत्रों के प्रकाशन केन्द्र बढ़ रहे हैं। एक से अधिक स्थानों से प्रकाशन करने का मुख्य कारण है स्थानों की दूरियाँ एवं संचार तथा यातायात-व्यवस्था का सुचारू न होना। पाठकों की बढ़ती हुई अपेक्षा से स्थानाभाव भी बढ़ने लगा है। अधिक प्रकाशन केन्द्रों से एक से अधिक संस्करणों का प्रकाशन इस दृष्टि से लाभदायक सिद्ध हुआ है।

यही सही है कि इस कारण सम्पादकीय विभाग का कार्यभार बहुत बढ़ गया है। ऐसे समाचार-पत्रों में एक केन्द्रीय डैस्क व्यवस्था का विकास हुआ है। यह डैस्क सभी केन्द्रों को भेजी जानेवाली अथवा वहाँ से आनेवाली सामग्री के बीच समन्वय करता है। समय सीमा के अनुसार एवं विभिन्न प्रकाशन केन्द्रों के विभिन्न संस्करणों के समय को ध्यान में रखते हुए आवश्यक तारतम्य बैठाता है। विभिन्न संस्करणों की दैनिक समीक्षा का कार्य भी यहीं किया जाता है।

1.8 समाचारों की आवक किसी भी समाचार-पत्र में समाचार संकलन का कार्य व्यवस्थित, द्रुतगामी और साथ ही साथ कुछ न कुछ स्वयं की विशेषता लिये अवश्य होना चाहिए। समाचार संकलन के लिए प्रकाशन केन्द्रों पर कार्यालय संवाददाता होते हैं। इनके कार्य-क्षेत्र आमतौर पर बँटे होते हैं। ये संवाददाता अपने क्षेत्र की घटनाओं, संवाददाता सम्मेलनों एवं विज्ञप्तियों के ज़रिये समाचार संकलन का कार्य करते हैं। साथ ही साथ वरिष्ठ सम्पादकों की देखरेख में विशेष खोजपूर्ण समाचार के कार्य में भी निरन्तर लगे रहते हैं। आमतौर पर इनके साथ एक-दो छायाकार भी होते हैं। संवाददाता आमतौर पर कई तरह की तालिकाओं और ग्राफ़ का उपयोग भी करते हैं। एक या दो कार्टूनिस्ट भी प्रकाशन स्थल से जुड़े होते हैं।

समाचार संकलन का दूसरा बड़ा जरिया होते हैं समाचार-पत्र के विभिन्न शहरों में निजी संवाददाता, जो केवल उसी समाचार-पत्र के लिए समाचार संकलन का कार्य करते हैं। सभी छोटे स्थानों के संवाददाता अंशकालिक होते हैं। ये संवाददाता आवश्यकतानुसार तार, टेलीफोन आदि द्वारा समाचार प्रेषित करते हैं। इनके समाचारों का सम्पादन करने के लिए भी डैस्क पर सम्पादक निश्चित होते हैं।

बड़े अखबारों के संवाददाता लगभग सभी प्रान्तों की राजधानियों में होते हैं। आज तो हर महत्त्वपूर्ण देश की राजधानी में भी बड़े अखबारों के निजी संवाददाता कार्य कर रहे हैं। किसी भी समाचार-पत्र की पहचान इस बात से निश्चित होती

है कि उसके समाचारों का कितना अंश उसका अपना होता है।

समाचार संकलन का सबसे बड़ा माध्यम है—समाचार एजेन्सियाँ। यह सही है कि हमारे देश की आवश्यकता के अनुरूप हमारे यहाँ समाचार एजेन्सियों की संख्या भी बहुत कम हैं। मूलतः दो ही एजेन्सियाँ पूरे देश में कार्यरत हैं, प्रेस ट्रस्ट ऑफ इंडिया और युनाइटेड न्यूज ऑफ इंडिया। इन्हीं दोनों की हिन्दी एजेन्सियाँ भी क्रमशः 'भाषा' और 'यूनीवार्ता' पूरे देश में उपलब्ध हैं। भारत की मुख्य समाचार एजेन्सियाँ इस प्रकार हैं :

प्रेस ट्रस्ट ऑफ इंडिया (पी.टी.आई.) : यह हमारे देश की सबसे बड़ी समाचार एजेन्सी है। देशभर में इसके लगभग 150 कार्यालय हैं। राष्ट्रीय खबरों के अतिरिक्त यह एजेन्सी रायटर, यू.पी.आई. और ए.एफ.पी. के समाचारों का प्रेषण भी करती है। इसके अलावा एशिया-प्रशान्त क्षेत्र एवं गुटनिरपेक्ष देशों की विभिन्न समाचार एजेन्सियों से भी यह जुड़ी हुई है। दूरदर्शन के लिए पी.टी.आई. की पी.टी.आई. टीवी और वीडियो क्लिप सर्विस भी उपलब्ध है। आज तो पी.टी. आई. ने फैक्स के माध्यम से फोटोग्राफ भेजना भी शुरू कर दिया है।

युनाइटेड न्यूज ऑफ इंडिया (यू.एन.आई.) : यह राष्ट्रीय और अन्तर्राष्ट्रीय समाचार देनेवाली दूसरी बड़ी एजेन्सी है। अंग्रेजी एवं हिन्दी के समाचारों के अलावा इसकी फाइनेंस न्यूज सर्विस, बैंकिंग न्यूज सर्विस, स्टाक एक्सचेंज न्यूज सर्विस भी उपलब्ध है। सप्ताह में दो बार इकॉनामिक सर्विस, एनर्जी न्यूज सर्विस और यू.एन.आई. न्यूज-फीचर्स भी अपने ग्राहकों को उपलब्ध कराती है। एजेन्सी की साप्ताहिक बैकग्राउन्डर सर्विस हिन्दी और अंग्रेजी में, एग्रीकल्चर सर्विस अंग्रेजी और गुजराती में उपलब्ध है। दूरदर्शन के लिए न्यूज क्लिप, वीडियो न्यूज फीचर्स के अलावा अन्य कई देशों को समाचार भेजने का कार्य भी यह एजेन्सी करती है।

इंडियन न्यूज और फीचर एलायंस (आई.एन.एफ.ए.) : यह एजेन्सी मूल रूप से हिन्दी और अंग्रेजी में फीचर्स, रविवारीय संस्करण के लिए संडे मैगज़ीन सर्विस, स्टेट एंड फ़ॉरेन न्यूज़लैटर सर्विस भी अपने ग्राहकों को उपलब्ध कराती है तथा सप्ताह में तीन बार विशेष खोजपूर्ण लेख भी कई भारतीय भाषाओं में जारी करती है।

कार्टोग्राफिक न्यूज़ सर्विस (सी.एन.एस.) : समाचारों के मानचित्र, तालिकाओं और ग्राफ़ जैसे कार्यों के लिए यह देश की सबसे बड़ी समाचार एजेन्सी है।

डाटा न्यूज़ फीचर (डी.एन.एफ.) : मूल रूप से यह आन्ध्र प्रदेश से सम्बन्धित सामग्री उपलब्ध कराती है, जो हिन्दी और तेलुगू भाषा में होती हैं।

कुछ अन्य एजेन्सियों में इंडिया प्रेस एजेन्सी, नेशनल न्यूज़ सर्विस, न्यूज़ फीचर्स ऑफ इंडिया आदि शामिल हैं।

इनके अलावा कई विदेशी समाचार एजेन्सियों ने भी अपने कार्यालय भारत में स्थापित कर रखे हैं, जिनमें प्रमुख हैं :

1. एजेन्सी फ्रांस प्रेस
2. एसोसिएटेड प्रेस
3. ड्यूश प्रेस एजेन्सी
4. रायटर
5. तास न्यूज़ एजेन्सी
6. यूनाइटेड प्रेस इन्टरनेशनल

उपरोक्त के अलावा कुछ क्षेत्रीय एजेन्सियाँ भी अपनी सेवाएँ समाचारों के अलावा विशेष रूप से छायाचित्र, कार्टून, ग्राफ़, चित्रकथा के क्षेत्र में प्रदान करती हैं।

इन एजेन्सियों की सेवाएँ श्रेणीबद्ध होती हैं। इनको किया जानेवाला भुगतान अखबार की प्रसार संख्या के अनुरूप होता है।

समाचार संकलन में आजकल विज्ञप्तियों का प्रचलन बहुत तेजी से बढ़ रहा है। सरकारी मन्त्रालयों एवं विभागों से जहाँ नियमित विज्ञप्तियाँ जारी होती हैं वहीं सभी बड़े सरकारी उपक्रमों से भी जनसम्पर्क अधिकारी नियमित रूप से विज्ञप्तियाँ जारी करते रहते हैं। निजी क्षेत्र में भी संस्थाएँ अपने-अपने कार्यकलापों की विज्ञप्तियाँ समय-समय पर जारी करती रहती हैं। इन विज्ञप्तियों का स्वरूप मूलतः प्रचारात्मक होता है। आजकल विज्ञप्तियाँ कुछ समाचारों का बड़ा अंश बनने लगी हैं। छोटे अखबारों के लिए तो ये विज्ञप्तियाँ बड़ा सहारा होती हैं, क्योंकि इनके संकलन में कुछ खर्चा नहीं होता।

1.9 एक दैनिक समाचार-पत्र में समाचारों के अलावा सम्पादकीय पृष्ठ की विशेष सामग्री भी तैयार की जाती है। मूलतः यह सामग्री इस समाचार-पत्र की अपनी होती है, जिसका मुख्य भाग होता है सम्पादकीय लेख, जो समाचार-पत्र का वैचारिक प्रतिबिम्ब भी होता है। आजकल विशिष्ट विषयों के परम्परागत विद्वानों के द्वारा भी सम्पादकीय लेख तैयार करवाए जाते हैं। इसी प्रकार एक सम्पादकीय

डैस्क विशेष परिशिष्ट तैयार करने का कार्य करता रहता है। यहाँ यह लिखना उचित ही होगा कि सम्पादकीय विभाग को प्रतिदिन यह तय करना पड़ता है कि आज उसको कितने कॉलम समाचार तैयार करने हैं। इसका मुख्य आधार होते हैं उस दिन के विज्ञापनों का परिमाण।

सम्पादकीय पृष्ठ पर साधारणतया अग्रलेख, एक विशेष लेख, सम्पादक के नाम पत्र तथा सामयिक विषयों पर टिप्पणी प्रकाशित किए जाते हैं। इसी पृष्ठ पर कुछ हल्की-फुल्की मनोरंजक तथा व्यंग्यात्मक सामग्री भी पढ़ने को मिलती है।

1.10 किसी भी दैनिक पत्र के सम्पादकीय विभाग का रात्रि डैस्क आमतौर पर युद्ध स्तर पर कार्य करता है। विशेषकर उन समाचार-पत्रों में जहाँ कि कई स्थानीय संस्करण प्रकाशित होते हैं, प्रत्येक संस्करण के समय का निर्धारण संस्करणों के क्षेत्रों की प्रकाशन केन्द्रों से दूरी एवं उपलब्ध यातायात (रेल, बस या टैक्सी) के प्रस्थान समय पर ही मूल रूप से निर्भर करता है। हर संस्करण के अन्तिम समाचार की एक अन्तिम समय-सीमा (डैड लाइन) होती है।

भारतीय समाचार-पत्र क्षेत्र एवं आबादी के अनुपात में बहुत छोटे हैं, अतः विभिन्न पृष्ठों का स्वरूप बदल-बदलकर ये संस्करण अत्यधिक अल्प समय में तैयार किए जाते हैं। उनके क्षेत्र विशेष के समाचारों का बाहुल्य इन पृष्ठों पर देखा जा सकता है। हर संस्करण की पहचान के लिए या तो उसका विशेष नाम होता है यथा-प्रभात, सुप्रभात, नगर, महानगर आदि, अथवा उसको एक, दो, तीन आदि संख्याओं से तारांकित कर पहचाना जाता है।

जो भी समाचार सम्पादकीय विभाग से कम्पोज़िंग के लिए भेजे जाते हैं उनके साथ सभी आवश्यक मुद्रण-निर्देश भी लिखे होते हैं, जैसे-टाइप साइज़, फ़ोंट, श्वेत या श्याम, कम्पोज़ करने की शैली। समाचारों की डेट लाइन भी, जिसमें तारीख के अलावा समाचार के स्रोत और स्थान का उल्लेख होता है, समाचार के साथ लगानी होती है। समाचार का शीर्षक भी लिखना होता है। जो व्यक्ति जिस संस्करण का कार्य देख रहा है वह उस संस्करण में लगनेवाले सभी समाचारों की पूरी जानकारी रखता है। वही आवश्यकता पड़ने पर संवाददाता से पत्राचार करके अन्य जानकारियाँ मँगाता है और बातचीत करता है।

1.11 सम्पादकीय विभाग की कार्य-शैली अन्य विभागों की तुलना में भिन्न होती है। संवाददाताओं का कार्यकाल घड़ी की सुइयों में नहीं बाँधा जा सकता है। दैनिक पत्र के पत्रकारों को तो आमतौर पर रात्रि में ही कार्य करना पड़ता

है। इन सब परिस्थितियों में सम्पादक का कार्य तो विकट हो जाता है। औद्योगिक और तकनीकी विकास ने इस कार्य को और कठिन कर दिया है। आज समाचारों और चित्रों का बहुत तेजी से सम्प्रेषण होने लगा है तथा इनकी संख्या में भी बेशुमार वृद्धि हुई है। इन परिस्थितियों में सम्पादक की जिम्मेदारी और भी बढ़ जाती है। गलतियों की सम्भावनाएँ भी उसी अनुपात में अधिक होने लगी हैं। चूँकि पत्रकारों के साथ-साथ पाठकों की जागरूकता भी बढ़ी है, अतः वे पत्रकार के कार्य को बारीकी से आँकने लगे हैं। जैसे-जैसे एक पत्रकार की छवि बढ़ने लगती है वैसे-वैसे उसके कार्य को लोग बारीकी से आँकने लगते हैं। इसी कारण आज आलोचना का क्षेत्र भी उसी तेजी से बढ़ रहा है। समाचार-पत्रों में प्रकाशित समाचारों को लेकर इतने मुकदमे पहले कल्पना में भी नहीं आते थे। शहरी और ग्रामीण पाठकों के बीच का बौद्धिक अन्तर भारतीय सम्पादकों के लिए अहम् मुद्दा है, क्योंकि उन दोनों के धरातल बिल्कुल अलग होते हैं। दोनों के जीवन की शैली अलग और दोनों की सम्भावनाएँ भी अलग-अलग।

1.12 पत्रकारिता का सबसे बड़ा शत्रु है—प्रलोभन। इसी कारण कई समाचार-पत्र भविष्य की ओर झाँक भी नहीं पाते। जो भी व्यक्ति या संस्था इससे बच जाएगी उसका विकास निश्चित है, अन्यथा नहीं।

चुनावों में तो आम बात है कि उम्मीदवार अपनी इच्छा से समाचार प्रकाशित करवाना चाहते हैं। उसका मोल भी देते हैं। सरकार भी पत्रकारों को कई तरह के प्रलोभन देती है, कई तरह की सुविधाएँ भी प्रदान करती है। आज तो पत्रकार सम्मेलनों में संवाददाता कई बार उपहार भी माँग बैठते हैं। ऐसी कलम को कलम कहना, तो कलम का अपमान ही होगा और समाचार-पत्र का भी। यह प्रबन्धन के लिए एक चुनौती है।

आज के पत्रकारों में दृष्टि का संकुचन बढ़ता जा रहा है। जिस शिक्षा-पद्धति से वे निकल रहे हैं वहाँ वे हर उस परम्परा को नकारते हुए दिखाई देते हैं जो मूल में भारतीय है। उनकी शिक्षा का लक्ष्य भी नौकरी से आगे नहीं होता, अतः पठन-पाठन में उनकी कोई रुचि होती ही नहीं। न ही उनके अनुभव साधारण नागरिकों के मध्य पलते हैं। जो कुछ प्रशिक्षण उनको मिलता भी है वह भी मूलतः अंग्रेजी में होता है अथवा अंग्रेजी से अनूदित। मन की सीमा को तो वे छू भी नहीं पाते। भला कलम का असर फिर कैसे हो ?

1.13 भारत में अधिकतर समाचार-पत्र छोटे हैं। स्वयं इनका स्वामी ही सम्पादक का कार्य करता है। आर्थिक स्वरूप भी ऐसा नहीं है कि किसी सम्पादक को वेतन दिया जा सके। एक जमाना था जब सम्पादकों को विज्ञापन कॉलम के रूप में वेतन दिया जाता था। उससे तो आज स्थिति सुधरी ही है। चूँकि वही सभी तरह की नीतियों का निर्धारण करता है, अतः अपने समाचार-पत्र के विकास के प्रति पूर्ण निष्ठ रहते हुए भी अपने व्यावसायिक हितों का सिद्धान्तों के लिए त्याग कर पाना उसके लिए अत्यन्त कठिन कार्य होता है।

इस स्थिति का दूसरा पहलू आज यह दिखाई देता है कि प्रकाशकों ने अपनी-अपनी विचारधारा इतनी दृढ़ता के साथ तय कर ली है कि पाठकों को नया कुछ मिलने की सम्भावनाएँ ही दिन-प्रतिदिन कम होती जा रही हैं। लगता है पत्रकारिता जगत में एक ठहराव-सा आ गया है। लेखक भी समाचार-पत्रों का चयन अपनी विचारधारा के अनुसार ही करने लगे हैं।

1.14 लगभग सभी बड़े समाचार-पत्रों के विदेशी संस्करण भी प्रकाशित होते हैं। उनमें निम्न बातें विशेष होती हैं—

1. कागज सफेद, पतला तथा कम से कम वजन का होता है,
2. विज्ञापन नहीं होते,
3. स्थानीय महत्त्व के समाचार नहीं होते, तथा
4. इनके भेजने की पूरी प्रक्रिया ही भिन्न होती है।

विदेशी मुद्रा का लेनदेन होने के कारण भारतीय रिजर्व बैंक से विशेष अनुमति लेनी होती है तथा विदेशों में वितरक भी नियुक्त करने होते हैं।

1.15 औद्योगिक विवाद अधिनियम : प्रथम प्रेस आयोग की सिफारिशों पर आधारित इस हितकारी अधिनियम ने श्रमजीवी पत्रकारों को विधिवत कामगार का दर्जा दिया और पत्रकारों को 'औद्योगिक विवाद अधिनियम 1947' के दायरे में ले आया गया। धारा 16 ने इस अधिनियम के अधीन दी गई सुविधाओं को सर्वोपरि दर्जा दिया है।

सेवा की शर्तें निर्धारित करने के अलावा श्रमजीवी पत्रकारों का पारिश्रमिक तय करने के लिए समय-समय पर वेतन मंडल के गठन की व्यवस्था भी इसके अधीन की गई है।

परिभाषाएँ

समाचार-पत्र

ऐसा कोई भी प्रकाशन जो निश्चित अवधि के बाद प्रकाशित होता हो और जिसमें 'सार्वजनिक समाचार या सार्वजनिक समाचारों पर टीका-टिप्पणी हों' समाचार-पत्र कहलाएगा। औद्योगिक विवाद अधिनियम, 1947 की धारा 2 (ख) के अधीन के नियतकालिक प्रकाशन भी समाचार-पत्र माने जाएँगे जिन्हें केन्द्र सरकार शासकीय राजपत्र में समय-समय पर अधिसूचित करें।

समाचार-पत्र कर्मचारी

श्रमजीवी पत्रकारों समेत वे भी कर्मचारी इसी श्रेणी में आते हैं जिन्हें समाचार-पत्र प्रतिष्ठान में या 'उसके सम्बन्ध में किसी काम को करने के लिए नियोजित किया जाए।' धारा 2 (ग) की शब्दावली पर गौर करें तो उस छापेखाने के कर्मचारी भी समाचार-पत्र कर्मचारी हैं जहाँ समाचार-पत्र छपता है।

समाचार-पत्र प्रतिष्ठान

अधिनियम उन सभी प्रतिष्ठानों को 'समाचार-पत्र स्थापन' (न्यूजपेपर एस्टैब्लिशमैन्ट) ठहराता है जो 'एक या अधिक समाचार-पत्रों के उत्पादक (प्रोडक्शन) या प्रकाशन के लिए अथवा कोई समाचार एजेन्सी या सिंडीकेट चलाने के लिए किसी व्यक्ति या व्यक्तियों के निकाय के, चाहे वह नियमित हों या नहीं, नियन्त्रण के अधीन स्थापित किया गया है।'

श्रमजीवी पत्रकार और गैरपत्रकार

अधिनियम की धारा 2 में यह परिभाषित किया गया है। कहीं कोई चूक न हो इसलिए यह भी स्पष्ट कर दिया गया है कि मुख्य रूप से प्रबन्धकीय या प्रशासकीय हैसियत में नियुक्त कर्मचारी अथवा पर्यवेक्षकीय हैसियत में नियोजित व्यक्ति जो मुख्यतः प्रबन्धकीय प्रकृति के काम करता है, श्रमजीवी पत्रकार नहीं है।

1.16 भारतीय प्रेस परिषद् ने समाचार-पत्र या पत्रिका में प्रकाशित जिन बातों को समय-समय पर आपत्तिजनक माना है, उनमें से कुछ निम्नलिखित हैं—

—अश्लील लेख,

—साम्प्रदायिक लेख,

—गलत रिपोर्टिंग,

—पीत पत्रकारिता,

—अपमानजनक समाचार,

—लांछन,

—चरित्र हनन,

—व्यावसायिक कदाचार,

—राष्ट्रविरोधी समाचार/लेख,

—पत्र प्रकाशित न करना,

—उत्तर/खंडन का प्रकाशन न करना,

—भय दोहन आदि।

2

विज्ञापन विभाग
(Advertisement Department)

2.1 समाचार-पत्र ही शायद ऐसा एकमात्र उत्पादन है जिसकी उत्पादन लागत विक्रय मूल्य से बहुत अधिक होती है। इसी कमी को पूरा करने का एकमात्र प्रयास है विज्ञापन। विज्ञापन दो मुख्य बातों पर निर्भर करते हैं—एक, समाचार-पत्र की प्रसार संख्या और दूसरा, उसकी पाठकों को प्रभावित करने की क्षमता। कई समाचार-पत्र ऐसे देखे जा सकते हैं जिनकी प्रसार संख्या बहुत कम होने पर भी उनकी प्रभावशीलता अधिक होती है। बढ़ती हुई जनसंख्या, शिक्षा और औद्योगिक प्रगति के साथ-साथ विज्ञापनों की आवश्यकता भी बढ़ रही है। वैसे तो विज्ञापन स्वयं सूचना देने का ही कार्य करते हैं, अतः उन्हें भी पाठकों की दृष्टि से तो समाचार ही कहा जा सकता है।

हमारे देश में समाचार-पत्र विज्ञापनों का एक प्रमुख माध्यम रहे हैं, किन्तु अब

समय तेजी से बदल रहा है और इलेक्ट्रानिक मीडिया एक सौत की तरह खड़ा दिखाई पड़ता है। लगभग सभी लघु और मध्यम दर्जे के समाचार-पत्र तो इस बात से चिन्तित दिखाई दे रहे हैं। जहाँ एक ओर अखबारी कागज के मूल्य में तेजी से वृद्धि हो रही है वहीं दूसरी ओर विज्ञापन के अंश में भी कमी आ रही है। यह भी सही है कि समाचार-पत्र में विज्ञापनों का अंश कितना हो इसका निर्णय प्रबन्ध सम्पादक करता है, किन्तु वास्तविकता यह है कि जो भी न्यूनतम स्तर निश्चित किया जाता है अधिकतर समाचार-पत्रों को वह भी प्राप्त नहीं हो रहा।

इसी दृष्टि से किसी भी समाचार-पत्र के विज्ञापन विभाग को मूल रूप से दो भागों में बाँटा जा सकता है—आए हुए विज्ञापनों का सुचारू रूप से प्रकाशन करना तथा अधिक विज्ञापन लाने का निरन्तर प्रयास करते रहना।

2.2 विज्ञापनों के नियमित स्रोत को तीन श्रेणी में बाँट सकते हैं—स्थानीय, प्रादेशिक और राष्ट्रीय।

स्थानीय विज्ञापन मूल रूप से स्थानीय व्यापारी एवं औद्योगिक वर्ग के होते हैं अथवा पाठकों की निजी आवश्यकताओं से सम्बन्धित, वर्गीकृत रूप के होते हैं जैसे कि विभिन्न आवश्यकताओं के विज्ञापन, मकान किराये पर देना है या लेना है, किसी का कागज या साइकिल चोरी चली गई हो, किसी को कुछ बेचना या खरीदना हो आदि। छोटे शहरों या कस्बों के स्थानीय विज्ञापन आमतौर पर सूचनाओं के लिए ही अधिक प्रयोग में आते हैं।

प्रादेशिक स्तर पर मूल रूप से ऐसे उत्पादों के विज्ञापन होते हैं जो पूरे प्रान्त के लिए उपलब्ध होते हैं। इनमें से कई तो राष्ट्रीय स्तर के विज्ञापन भी होते हैं किन्तु उनकी योजना प्रादेशिक स्तर पर बनती है। इनमें से अधिकतर विज्ञापन, विज्ञापन-एजेन्सियों के मार्फ़त प्राप्त होते हैं। निजी क्षेत्र के विज्ञापन प्रान्तीय स्तर से बहुत कम होते हैं। राज्य सरकार के विज्ञापन प्रान्तीय विज्ञापनों की श्रेणी में आते हैं, जो राज्य सरकार की विज्ञापन नीति के अनुरूप सूचना एवं जनसम्पर्क निदेशालय जारी करता है।

इसी प्रकार राष्ट्रीय स्तर के विज्ञापन अधिकतर व्यावसायिक विज्ञापन होते हैं, जो विज्ञापन-एजेन्सियों के जरिये प्राप्त होते हैं। सरकारी क्षेत्र के विज्ञापन आमतौर पर केन्द्र सरकार के निदेशालय विज्ञापन एवं दृश्य प्रचार निदेशालय (Directorate of Advertisement and Visual Publicity—D.A.V.P.) के जरिये प्राप्त होते हैं।

यहाँ यह लिखना उचित होगा कि केन्द्र सरकार एवं राज्य सरकारों के उक्त

निदेशालय ही सरकारी विज्ञापनों का मुख्य स्रोत हैं। सरकारी विज्ञापनों की दरें डी.ए.वी.पी. स्वयं तय करता है जबकि व्यापारिक विज्ञापनों की दरें स्वयं समाचार-पत्र प्रबन्धक। डी.ए.वी.पी. की दरों का आधार भारत में समाचार-पत्रों के पंजीयक (Registrar of Newspapers in India—R.N.I.) द्वारा जारी प्रसार संख्या का प्रमाण-पत्र होता है। डी.ए.वी.पी. की दरों को ही आमतौर पर राज्य सरकार का निदेशालय डी.आई.पी.आर. अपना आधार बनाता है।

2.3 विज्ञापन लेने के लिए आमतौर पर कार्यालय प्रतिनिधि स्वयं विज्ञापनदाता के पास जाते हैं या विज्ञापन जारी करनेवाली एजेन्सियों से अपने व्यक्तिगत सम्पर्क बनाए रखते हैं। विज्ञापनदाता और एजेन्सियों को विभिन्न योजनाओं के माध्यमों से प्रोत्साहित भी किया जाता है। छोटे वर्गीकृत विज्ञापनों के लिए बड़े शहरों में कार्यालय या बुकिंग काउंटर भी खोले जाते हैं। समय-समय पर कई प्रकार के विशेषांकों की योजना भी इसी दृष्टि से बनाई जाती है।

2.4 इस प्रकार जितना भी विज्ञापन समाचार-पत्र कार्यालय में पहुँचता है उसको श्रेणीबद्ध तरीके से अनुसूचित किया जाता है। विज्ञापनों की मुख्य श्रेणियाँ हैं—वर्गीकृत, डिस्प्ले, वित्तीय, मनोरंजन, न्यायालय सूचनाएँ आदि। जो सूचनाएँ अनुसूचित की जाती हैं उनको जारी करनेवाली एजेन्सी का नाम, विज्ञापनदाता का नाम, विज्ञापन का आकार, एजेन्सी का कोड नम्बर, जारी करने की तिथि, रंगीन है या श्वेत-श्याम, किस पृष्ठ पर जाएगा आदि बातें उसमें सम्मिलित की जाती हैं। इसके बाद इस विज्ञापन को प्रकाशन तिथियों के अनुरूप रख लिया जाता है। यह काम बहुत महत्त्वपूर्ण होता है, क्योंकि सामग्री गलत स्थान पर न ठहर सके, लम्बे काल के बाद भी सही स्थान पर उपलब्ध हो सके तथा उसके साथ लगनेवाले मोनोग्राम इत्यादि भी सुरक्षित रह सकें, इसका ध्यान रखना अत्यन्त आवश्यक है।

2.5 विज्ञापन सामग्री कई रूपों में प्राप्त होती है। जो समाचार-पत्र लैटर प्रेस अथवा फ्लैट बैड शीट फेड मशीनों पर छपते हैं या वैब रोटरी पर, अथवा जहाँ पर कम्पोज़िंग हाथ से किया जाता है या हॉट मैटल लाइनर से, वहाँ विज्ञापन सामग्री या तो हस्तलिखित होती है या उसके ब्लॉक बने होते हैं। कुछ बड़ी एजेन्सियाँ ब्लॉक के स्थान पर मैट्रिक्स भी भेजती हैं, जिससे कार्यालय में ही ब्लॉक तैयार करना पड़ता है। आजकल लगभग सभी बड़े समाचार-पत्र वैब ऑफ-सैट मशीन पर छपते हैं, अतः उनके यहाँ विज्ञापन या तो हस्तलिखित आते हैं अथवा

आर्ट-पुल के रूप में। आर्ट-पुल अच्छे आर्ट पेपर पर छपा हुआ विज्ञापन ही होता है।

2.6 विज्ञापन विभाग में प्रतिदिन समाचार-पत्र के विभिन्न पृष्ठों पर प्रकाशित होनेवाले विज्ञापनों की एक 'डमी' बनाई जाती है, जिसका मुख्य आधार अनुसूची (Schedule) रजिस्टर होता है। प्रत्येक पृष्ठ की एक शीट तैयार होती है, जिस पर पृष्ठ के कॉलम तथा एक-एक सेन्टीमीटर के अनुपात में आड़ी रेखाएँ होती हैं। इन पर विज्ञापन के आकार के बॉक्स बनाकर विज्ञापनों का विवरण तथा सभी मुद्रण निर्देश जैसे कि पृष्ठ न बदलें, कॉलम में सबसे ऊपर लगाएँ आदि लिख दिए जाते हैं। इस डमी की एक प्रति सम्पादकीय विभाग को भेजी जाती है तथा दूसरी उत्पादन विभाग को, जहाँ कि वास्तव में पृष्ठ तैयार किए जाते हैं। डमी के अनुसार ही विज्ञापन आवश्यकतानुसार कम्पोज़िंग के लिए भेजे जाते हैं या आर्ट-पुल कैमरा विभाग में, जिन समाचार-पत्रों में एक से अधिक प्रकाशन केन्द्र होते हैं वहाँ पर यह डमी 24 घंटे पूर्व तैयार की जाती है ताकि सही समय पर सभी केन्द्रों पर सामग्री भेजकर एकरूपता रखी जा सके और विज्ञापनों के प्रकाशन में किसी तरह की चूक न हो। डमी के साथ ही अलग-अलग विज्ञापनों से सम्बन्धित मुद्रण के निर्देश भी भेजे जाते हैं।

2.7 विज्ञापन के प्रकाशन की जानकारी विज्ञापनदाता को हो सके इस दृष्टि से समाचार-पत्र की एक प्रति उसी दिन विज्ञापनदाता को भेजी जाती है और विज्ञापन एजेन्सी को भी। विज्ञापन विभाग में उसी दिन सभी विज्ञापनों की हाजरी की जाती है यह देखने के लिए कि सभी विज्ञापन सही स्थान पर और सही रूप में प्रकाशित हुए हैं। एक से अधिक केन्द्रों से प्रकाशित होनेवाले समाचार-पत्रों में यह हाजरी आमतौर पर 24 घंटे बाद होती है जब कि सभी केन्द्रों से प्रकाशित समाचार-पत्र उपलब्ध हो जाते हैं।

प्रकाशित विज्ञापनों की हाजरी के बाद बिल तैयार किए जाते हैं। बिल के साथ भी प्रकाशित विज्ञापन की एक कटिंग भेजी जाती है।

2.8 विज्ञापन विभाग कई तरह की जानकारियाँ एकत्रित करता है जो कि प्रबन्धकों के लिए भावी योजना का आधार बनती हैं। साथ ही यह तय करने में भी सुविधा हो जाती है कि विज्ञापन की दरें कितनी हों। अन्य समाचार-पत्रों की संख्या, उनकी प्रसार संख्या, प्रभावशीलता एवं विज्ञापन दरें भी विज्ञापन नीतियों को प्रभावित करती हैं। विज्ञापन विभाग उपलब्ध जानकारियों से अपनी विशेषांक

योजना तैयार करता है, जिसमें आनेवाले सारे विज्ञापनों को श्रेणीबद्ध करने के साथ-साथ उसमें आ रहे उतार-चढ़ाव पर भी दृष्टिपात किया जाता है। अपने क्षेत्र में विज्ञापनों की भावी योजना का एक जायजा भी लिया जाता है, जिसमें भावी उद्योगों, सम्मेलनों, बड़े समारोहों आदि की सूची तैयार की जाती है। प्रचार-प्रसार के अलावा विभिन्न संस्थानों के जरिये अलग-अलग तरह के सर्वे प्रस्तावित किए जाते हैं। इस दृष्टि से राष्ट्रीय स्तर पर किए जा रहे नेशनल रीडरशिप सर्वे का जो एन.आर.एस. के नाम से जाना जाता है, बड़ा महत्त्व है। इसमें अनुक्रमित सभी समाचार-पत्रों की प्रभावशीलता का बहुत विस्तार से आकलन किया जाता है। पाठकों की शिक्षा, उम्र एवं आय की श्रेणीबद्ध जानकारियाँ, उनकी क्रय क्षमता तथा विभिन्न संचार माध्यमों की प्रभावशीलता के क्षेत्र में एन.आर.एस. एक उत्कृष्ट कार्य है और जानकारी का एक विश्वसनीय आधार भी।

2.9 देश की अधिकतर विज्ञापन एजेन्सियाँ आई.एन.एस. (Indian Newspapers Society) की सदस्य हैं, जो कि समाचान-पत्र प्रकाशकों का राष्ट्रीय संगठन है। आई.एन.एस. अपनी सदस्य एजेन्सियों को दो माह की उधार की सुविधा देता है तथा समय पर भुगतान न होने की स्थिति में उचित कार्यवाही भी करता है। विज्ञापन एजेन्सियों की राष्ट्रीय स्तर पर अपनी संस्था है एडवर्टाइजिंग एजेन्सीज़ एसोसिएशन ऑफ इंडिया (Advertising Agencies Association of India) राष्ट्रीय स्तर पर ये दोनों संगठन विचार-विमर्शकर विभिन्न मुद्‌दों पर नीति-निर्धारण करते हैं।

2.10. प्रायः सभी समाचार-पत्र अपने विज्ञापन व्यवसाय की वृद्धि के लिए देश के प्रमुख व्यावसायिक केन्द्रों पर अपने व्यवसाय प्रतिनिधि नियुक्त करते हैं, जिनका कार्य अपने प्रकाशन को प्रसार संख्या, पाठक संख्या और अन्य विशेषताओं के आधार पर विज्ञापन एजेन्सियों और सीधे विज्ञापनदाताओं से विज्ञापन प्राप्त करना होता है। इन प्रतिनिधियों को अपने प्रकाशन के सम्बन्ध में सम्पूर्ण और नवीनतम जानकारी विज्ञापन विभाग द्वारा उपलब्ध कराई जाती है। साथ ही अन्य प्रतियोगी प्रकाशनों के सम्बन्ध में भी आवश्यक जानकारी उपलब्ध कराई जाती है। विज्ञापन विभाग अपने प्रतिनिधियों के माध्यम से यह भी जानने का प्रयास करता है कि प्रतियोगी प्रकाशनों द्वारा अपने व्यवसाय की वृद्धि हेतु क्या-क्या कदम उठाए जा रहे हैं।

2.11 प्रायः प्रत्येक सफल समाचार-पत्र को कई बार ऐसी परिस्थितियों का

सामना करना होता है जब सम्पादकीय सामग्री के लिए स्थान की आवश्यकता और विज्ञापनों की बुकिंग के आधार पर उपलब्ध स्थान में ही समायोजन बैठाना होता है। यह परिस्थिति वर्ष के बारहों महीने तो नहीं रहती किन्तु कुछ विशेष अवसरों पर ऐसा अवश्य होता है। नववर्ष की पूर्व सन्ध्या, दीपावली, गणतन्त्र दिवस, स्वतन्त्रता दिवस के अवसरों पर तो पत्र-पत्रिकाओं को अपने-अपने पृष्ठों में वृद्धि करनी ही होती है। किन्तु इसके अतिरिक्त भी सामान्य दिनों में कई बार समाचार-पत्र में विज्ञापन के लिए निर्धारित स्थान से अधिक विज्ञापन होने पर विज्ञापन विभाग को विज्ञापनों की बदली (Shifting) करनी होती है। जो विज्ञापन आसानी से एक-दो दिन बाद प्रकाशित किए जा सकते हैं उन्हें विज्ञापन विभाग अपने विवेक पर ही शिफ्ट करता है। कुछ विज्ञापन जिन्हें किसी निश्चित दिन को ही प्रकाशित करने के निर्देश होते हैं उन्हें शिफ्ट करने हेतु विभाग को विज्ञापन एजेन्सी/विज्ञापनदाता से सम्पर्क करना होता है। कई बार सम्पर्क न हो पाने की दशा में विभाग ऐसे विज्ञापनों को भी अपने जोखिम और विवेक पर शिफ्ट कर देता है। कुल मिलाकर विभाग का प्रयास यह होता है कि पत्र में मोटेतौर पर विज्ञापनों का औसत एक-सा रहे और उसके इस औसत में प्रतिदिन ज्यादा उतार-चढ़ाव न हो।

2.12 विज्ञापन विभाग के प्रबन्ध का एक महत्त्वपूर्ण कार्य भुगतान स्थिति पर नियन्त्रण रखना है। अधिकांश समाचार-पत्रों में 80 प्रतिशत विज्ञापन उधार छापे जाते हैं। प्रतिष्ठित विज्ञापन एजेन्सी और विज्ञापनदाताओं के विज्ञापन उधार पर प्रकाशित तो कर दिए जाते हैं, किन्तु उनकी भुगतान स्थिति पर निरन्तर नजर रखना बहुत आवश्यक होता है। निर्धारित अवधि से अधिक होते ही भुगतान प्राप्त करने हेतु कदम उठाने पड़ते हैं। इन कदमों में विज्ञापन रोकने, जिस क्षेत्र की एजेन्सी/विज्ञापनदाता हो उस क्षेत्र के अपने कार्यालय को वसूली हेतु निर्देश देने, आगे के विज्ञापन अग्रिम भुगतान पर ही स्वीकार करने या फिर कानूनी कार्यवाही करने जैसे कदम हैं। सामान्यतः कानूनी कार्यवाही उसी दशा में की जाती है जब कि अन्य किसी प्रकार से भुगतान प्राप्त होने की सम्भावना नहीं रहती।

यह विज्ञापन विभाग की जागरूकता और परिस्थितियों के सही आकलन पर निर्भर करता है कि भुगतान की स्थिति भी नियन्त्रण में रहे और व्यावसायिक सम्बन्ध भी सामान्य बने रहें।

2.13 पत्र-पत्रिकाओं को आए दिन ऐसे विज्ञापन प्राप्त होते हैं जो प्रकाशन

योग्य नहीं होते। वैसे तो प्रकाशन योग्य न होनेवाले विज्ञापनों की प्रकृति को परिभाषित करना असम्भव है, किन्तु यह कहा जा सकता है कि जिस विज्ञापन में कानूनी दृष्टि से कोई आपत्ति हो उसका प्रकाशन तो रोक ही दिया जाता है। इसके अतिरिक्त कतिपय समाचार-पत्र ऐसे भी हैं जो पाठकों, देश और समाज के प्रति अपनी नैतिक जिम्मेदारी समझते हुए कई विज्ञापनों को अस्वीकार कर देते हैं। ऐसे अनेक प्रसंग आते हैं जब एक प्रकार का कोई विज्ञापन प्राप्त होने पर अस्वीकार कर दिया जाता है किन्तु उसी प्रकृति का विज्ञापन दूसरे स्रोत से प्राप्त होने पर प्रकाशित कर दिया जाता है। वास्तव में यह निर्णय विज्ञापन व्यवस्थापक को अपने विवेक से विज्ञापनदाता की विश्वसनीयता की जाँच करके लेना होता है। विज्ञापन विभाग की व्यवस्था जिस व्यक्ति के जिम्मे होती है उसका सामान्य ज्ञान, व्यक्ति और परिस्थिति को आँकने की उसकी क्षमता का इसमें विशेष महत्त्व होता है। विज्ञापन व्यवस्थापक को विज्ञापन की भाषा, उसके कानूनी परिणाम, समाज पर सम्भावित प्रभाव आदि सभी पहलुओं का ध्यान रखते हुए विज्ञापन विशेष को स्वीकार/अस्वीकार करने का निर्णय लेना होता है।

3

मुद्रण विभाग
(Printing Department)

3.1 किसी भी समाचार-पत्र के मुद्रण विभाग की बनावट उसकी छपाई मशीनों पर आधारित होती है। मुद्रण विभाग को आप समाचार-पत्र का उत्पादन विभाग भी कह सकते हैं। लैटर प्रेस, शीट, फैड, रोटरी या ऑफ-सैट मशीन के अनुसार ही मुद्रण व्यवस्था होगी। जहाँ कम्पोज़िंग का काम हाथ से किया जाता है वहाँ पृष्ठ बनाने, प्रूफ़ उठाने तथा ब्लॉक बनाने की व्यवस्था भिन्न होगी। केवल उस पृष्ठ का सीधा अखबार छापना है और प्लेट बनानी है, तो फिर तरीका भिन्न होगा। इसी प्रकार ऑफ-सैट की छपाई का तरीका भी बाकी मशीनों से बहुत भिन्न होता है। चूँकि अब सभी नए समाचार-पत्रों की छपाई ऑफ-सैट मशीनों के साथ ही शुरू होती है, इस विषय की जानकारी देना उचित होगा।

3.2 **कम्पोज़ अनुभाग**—यहाँ सर्वप्रथम सम्पादकीय विभाग से प्राप्त प्रकाशन

सामग्री का कम्पोज़िंग फोटो सैटिंग मशीन द्वारा किया जाता है। इन मशीनों से विज्ञापन और समाचार दोनों आसानी से तैयार हो जाते हैं। इन मशीनों की गति हाथ से कम्पोज़िंग की गति से काफी तेज होती है तथा सुन्दरता भी अधिक होती है। इसमें सुविधा यह है कि कम्पोज़ करने के साथ ही प्रूफ़ भी पढ़ लिया जाता है। लेकिन दुविधा यह है कि कम्पोज़ करते समय यदि बिजली गुल हो जाए तो कम्पोज़ किया हुआ मैटर उड़ जाता है तथा फिर से पूरा मैटर कम्पोज़ करना पड़ता है।

कम्पोज़िंग के बाद इस मैटर को विशेष मशीन के माध्यम से नैगेटिव फिल्म या ब्रोमाइड पेपर पर एक्सपोज़ किया जाता है। एक्सपोज़ करने की गति लगभग 150 लाइन प्रति मिनट होती है तथा इससे आप चार पाइंट से 72 पाइंट तक किसी भी आकार एवं उपलब्ध फोंट (Font) में से चुनाव कर सकते हैं।

3.3 इस विभाग का कार्य आमतौर पर सम्पादकीय विभाग के कार्य पर ही निर्भर करता है, अतः यहाँ कार्यरत कर्मचारियों की ड्यूटी उसी के अनुसार लगानी होती है। जिस तरह की समय-सीमा अलग-अलग संस्करणों के सम्पादकीय विभाग में होती है उसी के अनुसार यहाँ भी समय-सीमा तय होती है। सम्पादकीय विभाग और फोटो सैटिंग विभाग की समय-सीमा में बीस से तीस मिनट का अन्तर होता है। यहाँ यह उल्लेखनीय है कि यह समय-सीमा मुद्रण मशीनों के अनुरूप बदलती रहती है। जहाँ कम्पोज़िंग हाथ से होती है वहाँ समाचार या सम्पादकीय विभाग की समय-सीमा घट जाती है अर्थात्, उन्हें कार्य जल्दी समाप्त करना पड़ता है। रोटरी मशीन में यह समय-सीमा और भी कम हो जाती है, क्योंकि पेज बनाने के बाद फ्लोंग (Flong) उठाकर प्लेट बनाने में समय अलग से लगता है। ऑफ-सैट मशीन में तो सम्पादकीय विभाग को काफी अतिरिक्त समय उपलब्ध हो जाता है तथा वे अपने यहाँ आवश्यकतानुसार अधिक संस्करण भी निकाल सकते हैं। एक उल्लेखनीय बात यह है कि भारत जैसे देश में इस अनुभाग को पूर्ण रूप से वातानुकूलित रखना आवश्यक है।

3.4 **कैमरा अनुभाग**—फोटो सैटिंग मशीनों पर एक्सपोज़ (Expose) की हुई फिल्मों तथा ब्रोमाइड पेपर की मैगज़ीन कैमरा अनुभाग को भेजी जाती है, जहाँ इन्हें साधारण फिल्मों की तरह धोया (Developing) जाता है। इन्हीं नैगेटिव फिल्मों से फिर पॉजिटिव फिल्में तैयार की जाती हैं। ये पॉजिटिव फिल्में या ब्रोमाइड पेज तैयार करने के लिए पेस्टिंग अनुभाग गें भेज दिए जाते हैं।

कैमरा अनुभाग समाचारों के अलावा समाचार चित्र, कार्टून, ग्राफ तथा विज्ञापनों के पॉजिटिव भी तैयार करता है। आजकल फिल्में डेवलप करने के लिए ऑटो डेवलपर भी उपलब्ध हैं, जिसमें फिल्म या ब्रोमाइड अपने आप धुलकर सूखे हुए बाहर निकल आते हैं। कैमरा अनुभाग में नैगेटिव और पॉजिटिव बनाने के कार्य में औसतन 15-20 मिनट लगते हैं।

जब भी कोई चित्र या विज्ञापन इस अनुभाग में आता है तो उसको रजिस्टर में दर्ज किया जाता है, जहाँ उसका टाइटल, आने का समय, आकार लौटाने का समय अंकित किया जाता है। कैमरा अनुभाग को फिल्मों के भी आने और उपभोग करने का विवरण तैयार करना होता है।

यहाँ यह बात ध्यान में रखने की है कि कैमरा अनुभाग में अधिकतर कार्य अँधेरे में होता है तथा यहाँ विभिन्न रासायनिक सामग्री का उपयोग होता है, अतः वहाँ कई तरह का रासायनिक धुआँ भी पैदा हो जाता है। इसलिए इस विभाग का वातानुकूलित होना नितान्त आवश्यक है। यहाँ कार्य करनेवाले कर्मचारियों की नियमित स्वास्थ्य जाँच होनी चाहिए। एक विशेष बात यह ध्यान में रखने की है कि अलग-अलग मौसम में अलग-अलग रसायनों के व्यवहार में थोड़ा परिवर्तन आ जाता है, अतः इनके आपस में मिलाने के अनुपात को आवश्यकतानुसार बदल लिया जाना चाहिए।

विशेषांकों एवं नियमित परिशिष्टों का कार्य बहुत अग्रिम होता है क्योंकि इस सामग्री को रंगीन छपाई के लिए अन्यत्र भेजना होता है।

3.5 **पेस्टिंग अथवा पेज मेक-अप अनुभाग**—कैमरा विभाग से निकाली सभी सामग्री यहाँ पहुँचती है। यहाँ समय एवं संस्करण के अनुसार विभिन्न पृष्ठ तैयार किए जाते हैं। पेस्टिंग करने के लिए एक विशेष प्रकार की मेज होती है। इस मेज के नीचे प्रकाश की व्यवस्था होती है। नीचे पारदर्शी काँच लगा होता है, उस पर एस्ट्रोलेन (Astrollen) की शीट लगाकर समाचार-पत्र के पृष्ठ वास्तविक आकार में बनाए जाते हैं। प्रत्येक पृष्ठ पर पहले विज्ञापन लगाए जाते हैं तथा शेष स्थान पर समाचार। रंगीन पृष्ठों के लिए चार शीट तैयार की जाती हैं—लाल, नीली, पीली और काली। सादे पृष्ठ के लिए केवल एक काली शीट। समय पर तैयार करके इन शीटों को प्लेट अनुभाग में भेज दिया जाता हैं।

जहाँ हाथ से कम्पोज़ करते हैं वहाँ पेज तैयार करने की पद्धति भिन्न होती है।

3.6 **प्लेट अनुभाग**—इस अनुभाग का कार्य है तैयार पृष्ठ की सामग्री को छपाई के लिए धातु प्लेट पर उतारना। प्लेट अनुभाग में दो तरह की प्लेटें काम आती हैं—प्री सैंसिटाइज्ड प्लेट्स और डीप एच प्लेट्स।

प्री सैंसिटाइज्ड या पी.एस.प्लेट्स पर रासायनिक परत चढ़ी होती है, जिसे सीधे प्लेट एक्सपोज़र में लगाकर प्रोसेस करना होता है। डीप एच प्लेट पर इस अनुभाग में रासायनिक परत चढ़ाई जाती है। प्लेट एक्सपोज़र लगभग दो मिनट में इस पूरे पृष्ठ की सामग्री को इस प्लेट पर उतार देता है। फिर इस प्लेट को फिल्म की तरह ही रसायनों में धोया जाता है वैसे तो इनके लिए भी उपकरण उपलब्ध हैं, आप एक छोर पर प्लेट लगाइए और दूसरे छोर पर धुली हुई प्लेट आपको तुरन्त प्राप्त हो जाएगी। अब यह प्लेट मुद्रण के लिए तैयार है।

एक प्लेट पर आमतौर पर दो पृष्ठ अंकित होते हैं।

3.7 **मुद्रण**—इस अनुभाग का कार्य भी मशीन के अनुरूप अलग-अलग होता है। ऑफ-सैट मशीन पर छपनेवाली प्लेट जब यहाँ पहुँचती है, तो सबसे पहले उसे पंच करके किनारों से मोड़ा जाता है ताकि यह मशीन के सिलिंडर पर सही तरीके से तथा मजबूती से फिट हो सके। उसके बाद उसे मशीन पर चढ़ा दिया जाता है। मशीन की एक यूनिट पर चार पृष्ठ मुद्रित हो सकते हैं। जो ऑफ-सैट मशीनें भारत में बन रही हैं उनमें 560 और 578 एम.एम. का कटिंग साइज़ होता है तथा नई मशीन लगभग 35 हजार प्रतियाँ प्रति घंटे की गति से छाप देती है। इसमें ऑटो पेस्टर से रील बदलने का समय भी बच जाता है तथा मशीन की गति में कोई टूट नहीं होती, इतनी तेज गति से होनेवाले मुद्रण कार्य में जरा-सी असावधानी से सैकड़ों प्रतियाँ रद्द हो सकती हैं। जरा-सी असावधानी से बड़ी दुर्घटना हो सकती है, अतः इस अनुभाग में सुरक्षा नियमों का सख्ती से पालन होना आवश्यक है। यहाँ चूँकि कई प्रकार के तेल और ग्रीस काम आती रहती है इसलिए इस अनुभाग की सफाई एवं व्यवस्था के लिए विशेष प्रयास आवश्यक है। गुणवत्ता का नियन्त्रण, कर्मचारियों और मशीनों का कम से कम खाली रहना, अपने अनुभाग की व्यवस्था योजना तैयार करना, प्रत्येक कर्मचारी के कार्य और व्यवहार का आकलन करना अत्यन्त आवश्यक है। समय, मशीन और सामग्री का प्रभावी उपयोग, आवश्यक उत्पादन सामग्री के उपभोग पर विशेष नियन्त्रण, कर्मचारियों का उच्चस्तरीय तकनीकी प्रशिक्षण एवं उपकरणों सम्बन्धी जानकारी आदि पर आधारित होता है गुणवत्ता का स्तर। यह स्तर आपको हर अनुभाग में

एक-सा दिखाई देना चाहिए।

जहाँ-जहाँ समान अधिक रद्दी होता है उन सब कार्यों की सूची बनाना, मात्रा का अनुमान करना तथा रद्दी होने की प्रक्रिया का आकलन महत्त्वपूर्ण होगा। क्योंकि उसके बाद ही आप प्रभावी सुधारात्मक उपाय कर सकेंगे। अधिक बारीकी से इस बात को समझना हो, तो उसके निम्न तीन स्तर होते हैं—कार्य का अध्ययन, कार्य प्रणाली का अध्ययन तथा मुख्य कार्य के हर कार्यकलापों का मापन।

3.8 मुद्रण विभाग में कई तरह के अभिलेख आवश्यक रूप से रखने होते हैं। मशीन के कार्य घंटों का रिकार्ड, अखबारी कागज के ऊपरी फटे हुए कागज, बीच के उपभोग किए हुए कागज व अन्त में बचे हुए कागज का रिकार्ड अलग से रखना होता है। यह रिकार्ड भी रखना होता है कि कागज की रील इस तिथि को किस लॉट में कार्यालय पहुँची तथा उसका वजन कितना था, रील का कागज छपाई के समय कितनी बार फटा। इसी सन्दर्भ में अखबार की प्रतियों का रिकार्ड भी रखना होता है, जिसमें सही छपी हुईं, बिना छपी हुईं, रद्दी छपी हुईं आदि प्रतियों के आँकड़े होते हैं। किस-किस संस्करण में कितनी-कितनी प्रतियाँ छपीं और मशीन कितनी-कितनी देर चली तथा कितनी-कितनी स्याही खर्च हुई तथा मशीन बीच-बीच में किस कारण से रुकी, यह सब रिकार्ड भी रखना होता है।

बिजली और पानी दो मुख्य आवश्यकताएँ हैं इस विभाग की। इनका गलत उपयोग या दुरुपयोग भारी नुकसान पहुँचा सकता है। बिजली के तारों की मरम्मत/देखभाल से लेकर उपकरण तक के प्रति नियमित जागरूकता आवश्यक है।

3.9 **संधारण**—मुद्रण की मशीनों की प्रतिदिन देखभाल करनी होती है। सुबह छपाई समाप्त होते ही एक दल सफाई में जुट जाता है, जिसमें सभी रूलें, स्याहीदान आदि की भी प्रतिदिन धुलाई-सफाई की जाती है। पूरी मशीन को आवाज की दृष्टि से भी टेस्ट किया जाता है तथा आवश्यक तेल और ग्रीस लगाई जाती है। इसी प्रकार साप्ताहिक सर्विस होती है। आगे की बड़ी सर्विस के लिए एक वार्षिक तालिका तैयार की जाती है, जिसका आधार मशीन की आयु अथवा उसके कार्य घंटे होते हैं।

मुद्रण काल के दौरान भी एक तकनीशियन सदा उपस्थित रहता है ताकि आवश्यकता पड़ने पर भागदौड़ न मचे और न ही समय व्यर्थ जाए। मशीन रूम

का एक नियम यह है कि जब भी कोई अखबार मुद्रित होने लगता है तो उसकी पहली प्रति उपलब्ध वरिष्ठतम सम्पादक के पास निरीक्षण एवं अनुमोदन के लिए भेजी जाती है। उसके बाद ही आगे मुद्रण कार्य किया जाता है।

3.10 **सुरक्षा**—मुद्रण अनुभाग में सुरक्षा की विशेष आवश्यकता होती है। साधारण सुरक्षा नियमों को सही ढंग से लागू करने पर न केवल व्यक्ति की उत्पादन क्षमता बढ़ती है बल्कि उत्पादन लागत भी घट जाती है। साथ ही साथ व्यक्ति का सही उपयोग भी हो सकता है एवं कई बड़ी दुर्घटनाएँ होने से टल जाती हैं।

इसके लिए नेतृत्व आवश्यक है। इसी से कर्मचारियों में सुरक्षा भावना पैदा हो सकती है। मुद्रण क्षेत्र को साफ़-सुथरा रखा जाना चाहिए। यह भी एक आकलन करने की बात है कि किस-किस कारण से किन-किन परिस्थितियों में दुर्घटनाएँ होती रही हैं तथा उनके उपचार क्या-क्या किए जाते रहे हैं। सुरक्षा के सम्बन्ध में एक आदर्श सुरक्षा संहिता 'मॉडल कोड ऑफ सेफ्टी रैगुलेशन्स फॉर इंडियन आर्गेनाइजेशन्स, आई.एल.ओ., रैगुलेशन्स-5 (आब्लिगेशन ऑफ एम्प्लाईज)' में विस्तार से चर्चा की गई है।

सन् 1920 ई. में हेनरिच (Henrich) ने दुर्घटनाओं का एक सर्वेक्षण किया था, जिसके परिणाम निम्न थे—

मानवीय कारण	असुरक्षित कार्य प्रणाली, दूरदर्शिता का अभाव तथा नकारात्मक प्रवृत्ति	88 प्रतिशत
तकनीकी कारण	मशीन की खराब हालत, मशीन का फेल हो जाना	10 प्रतिशत
दैवी कारण	बाढ़, तूफ़ान, भूकम्प आदि	2 प्रतिशत

सुरक्षा नियमों की विस्तृत जानकारी कारखाना अधिनियम, 1948 में दी गई है और अधिक जानकारी के लिए निम्नलिखित कार्यालयों से सम्पर्क किया जा सकता है—

1. अपने प्रान्त के मुख्य कारखाना निरीक्षक,
2. भारतीय मानक संस्थान, तथा
3. महानिदेशक, कारखाना सलाहकार सेवाएँ, केन्द्रीय श्रम संस्थान, श्रम मन्त्रालय, भारत सरकार, मुम्बई।

3.11 मुद्रण अनुभाग के लिए एक अन्य आवश्यकता इस बात की है कि इसका अपना एक औज़ार-कक्ष तथा कार्यशाला का स्थान होना चाहिए, ताकि छोटी-मोटी सभी तरह की मरम्मत का कार्य कार्य-स्थल पर ही किया जा सके।

मशीन रूम में सबसे बड़ा भंडार अखबारी कागज़ का होता है, अतः उसके रख-रखाव के लिए आसपास के क्षेत्र की सफाई बहुत आवश्यक है। इसके आसपास तेल, ग्रीस के कपड़े न हो, कोई ज्वलनशील पदार्थ न हो। इसी प्रकार स्याही का आंशिक भंडारण भी इस क्षेत्र के आसपास होता है। मशीन रूम का फैलाव इस तरीके से किया जाना चाहिए कि सभी कार्य स्वतन्त्र रूप से जारी रह सकें।

कागज, स्याही जैसे सामान के भंडारण के साथ-साथ प्रयुक्त होने के बाद हुए रद्दी सामान को भी व्यवस्थित तरीके से एक नियत स्थान पर रखा जाए ताकि न तो कार्य में रुकावट हो और न ही सुरक्षा की दृष्टि से चिन्तित होना पड़े।

4

भंडारण
(Stores)

4.1. किसी भी उत्पादन लागत का सबसे बड़ा अंश कच्चे माल का होता है, अतः यह आवश्यक है कि कच्चे माल की खरीद, उसके रखरखाव एवं उपभोग से सम्बन्धित सभी गतिविधियाँ सुव्यवस्थित हों। समस्त सामान सही जगह पर सुरक्षित रूप से रखा जा सके एवं आवश्यकता पड़ने पर तुरन्त काम में लेने की स्थिति में उपलब्ध हो सके और साथ ही साथ भंडारण स्थल का भी अधिकतम उपयोग हो सके।

खरीद में मूल बात यह ध्यान में रखने की है कि सामान की गुणवत्ता अच्छी हो। उसके मूल्य का सही आकलन हो और वह सभी आवश्यकताओं को सम्पूर्ण दृष्टि से पूरी करनेवाला हो। इसके लिए अंग्रेजी के '5-आर' का सिद्धान्त प्रचलित है : Right Quantity यानी सही मात्रा, Right Quality यानी सही गुणवत्ता, Right

Source यानी सही स्रोत, Right time यानी सही समय तथा Right Price अर्थात् सही कीमत।

4.2. **आवक भंडार (Inward Store)** इसमें माल का उतारना, उसकी पहचान करना, सम्बन्धित कागजात से माल की जाँच करना तथा यह देखना कि कोई वस्तु कम तो नहीं हैं, टूटी-फूटी तो नहीं हैं, सामान अधिक या अनावश्यक तो नहीं हैं, आदि कार्य सम्मिलित होते हैं। यह सामान सर्वप्रथम आवक भंडार (Inward store) में रखा जाता है।

इस भंडार में सामान के रखे जाने की अधिकतम एवं न्यूनतम समय सीमा तय की जाती है। आयातित सामान 9 से 12 माह, देश के अन्य भागों से आया 2 से 3 माह, तथा स्थानीय बाजार से आया सामान एक या दो सप्ताह की अधिकतम सीमा तक रखा जा सकता है। इसके अनुसार विदेश से आयातित सामान के लिए 6 माह का स्टॉक, अन्य प्रदेशों से आनेवाले सामान के लिए एक माह का स्टॉक तथा स्थानीय बाजार से आनेवाले सामान के लिए चार से छह दिन का स्टॉक शेष रहने पर अगली खरीद के लिए परचेज आर्डर फार्म में लेखा शाखा को प्रस्ताव भेजे जाते हैं।

आवक भंडार में मशीनों के कलपुर्जे, केमिकल, फिल्म, स्याही, विभिन्न रसायन, कागज से लेकर छोटे उपकरण तथा मशीनें तक होती हैं।

4.3. भंडारण (Store Keeping) भंडारण हेतु आए हुए सामान की सँभाल एवं पहचान करने के पश्चात् श्रेणीबद्ध करके इस प्रकार रखना कि किसी प्रकार का नुकसान न हो। ये सभी कार्य मुख्य भंडार से सम्बन्धित हैं। आनेवाले सामान का भंडारण न केवल बन्द कमरों में अपितु खुले क्षेत्र में भी किया जा सकता है, अतः इन्वेंट्री (Inventory) से सम्बन्धित पत्रावली में यह लिखना भी आवश्यक होता है कि वस्तु कहाँ रखी है। यह बात भौतिक सत्यापन के लिए अत्यन्त महत्त्वपूर्ण होती है।

4.4. भौतिक सत्यापन आमतौर पर तीन प्रकार का होता है। कुछ संस्थाएँ वर्ष में एक बार वर्षान्त में ही भौतिक सत्यापन कराती हैं, कुछ स्थानों पर सर्वाधिक सत्यापन होता रहता है तथा भंडारों में भौतिक सत्यापन उस समय होता है जब भंडार में माल सबसे कम मात्रा में हो।

मुख्य भंडार में कच्चे माल के अलावा भी कई तरह की सामग्री रखनी होती है। कार्यालय लेखन सामग्री, कार्यालय में काम आनेवाले छोटे उपकरण, इमारती

सामान, नल और बिजली का सामान, संस्थान द्वारा प्रकाशित पुस्तकें आदि का भंडारण होना आवश्यक है। अतः नियमित तथा कभी-कभी काम आनेवाली वस्तुओं का उसी हिसाब से वर्गीकरण करके ही उनका भंडारण होना चाहिए।

4.5. भंडार के लिए स्थान का चयन बहुत महत्त्वपूर्ण है। भंडार कार्यस्थल के नजदीक होना चाहिए, जहाँ सबसे अधिक सामान की खपत होती हो। इससे सामान कम से कम हाथों से गुजरेगा और ले जाने की भी सुविधा होगी। वस्तुओं के पहचान-पत्र बहुत साफ-सुथरे एवं दूर से दिखाई देने योग्य होने चाहिए। भंडारण की व्यवस्था ऐसी हो कि किसी भी सामान को निकालने में परेशानी नहीं हो और न ही अन्य सामान को नुकसान पहुँचे। भंडारण स्थल का ऊँचाई तक अधिकतम उपयोग भी होना आवश्यक है, ताकि भविष्य के लिए गुंजाइश बनी रहे। भंडारण पूर्ण रूप से सुरक्षित होना चाहिए। माल की चोरी न हो, अनावश्यक बर्बादी न हो एवं माल का गलत तरीके से उपयोग नहीं किया जा सके।

4.6. भंडारण के सामान को जारी करने के अलग-अलग तरीके हैं। कहीं पहले आया सामान पहले जारी किया जाता है (First in First out-Fifo) तो कहीं बाद में आया सामान पहले जारी किया जाता है। (Last in First out-Lifo) कहीं इस तरह की गणना का उपयोग ही नहीं होता। किन्तु देखना यह पड़ेगा कि सामान किसी भी स्थिति में अवधि पार न होने पाए एवं उचित वातावरण में पूर्ण रूप से सुरक्षित रहें।

4.7. जो समाचार-पत्र एक से अधिक केन्द्रों से प्रकाशित होते हैं उनमें केन्द्रों की आवश्यकताओं की पूर्ति के लिए मुख्य कार्यालय पर स्वतन्त्र व्यवस्था रखी जाती है। केन्द्रों को सुनिश्चित सामान तो नियमित भेजा ही जाता है, साथ ही केन्द्रों से आनेवाली माँगों को भी पूरा किया जाता है। सामान्यतः जिलों के छोटे समाचार कार्यालयों को टेलीप्रिन्टर रोल, रिबन, कार्यालय स्टेशनरी जैसी चीजों का वितरण भी मुख्य कार्यालय से किया जाता है।

केन्द्रों की अपनी-अपनी भंडारण व्यवस्था भी होती है। अधिकतर सामान सीधे ही वहाँ पहुँचता है, जिसकी सूचना उन्हें मुख्य कार्यालय व्यवस्थापक को देनी होती है।

4.8. अनेक तरह के कार्य जो स्थानीय स्तर पर नहीं हो पाते, जैसे—रंगीन चित्रों की स्केनिंग, अच्छे दर्जे की रंगीन छपाई आदि के लिए केन्द्रीय भंडारण विभाग ही आमतौर पर देश के बाजार से व्यवस्था करता है।

सामान की आवक-जावक का रिकार्ड भी नियमित रूप से भंडारण विभाग को रखना पड़ता है। सामान का नाम, उसकी किस्म, पैकिंग दर, मात्रा, कहाँ से आया, कहाँ भिजवाया, कितना जारी किया, भेजने के साधन का विस्तृत ब्यौरा इत्यादि। इस सबके आँकड़े प्रतिदिन तैयार होना आवश्यक है।

अन्त में यह कहा जा सकता है कि सुदृढ़ और सुव्यवस्थित भंडारण से किसी भी संस्थान में माल को खराब होने से बचाया जा सकता है एवं अनावश्यक बर्बादी को रोकते हुए खर्च को औचित्य की सीमा में रखा जा सकता है।

4.9. रद्दी सामान का निपटारा (Disposal) समाचार-पत्र कार्यालय में रद्दी सामान भी कई प्रकार का होता है, जैसे—अखबार की छपी प्रतियाँ, बिना छपी रद्दी, स्याही के ड्रम, पुरानी प्लेटें, टाइप का सामान, पत्र-पत्रिकाएँ, पुराना फर्नीचर, पुराने उपकरण-कलपुर्जे आदि।

कई बार कई तरह का सामान आवश्यकता से अधिक खरीदने में आ जाता है या पूर्ण रूप से काम नहीं आता, इस तरह बचे हुए सामान का भी समय-समय पर निपटारा अथवा इसको हटाया जाना आवश्यक है।

रद्दी सामान के निपटारे के लिए निविदाएँ आमन्त्रित की जा सकती हैं अथवा स्थान विशेष पर बोली लगाकर भी सामान बेचा जा सकता है। बड़े समाचार-पत्रों के कार्यालयों में आमतौर पर कुछ ठेकेदारों से इन कार्यों का वार्षिक अनुबन्ध होता है। वे नियत तिथियों पर आकर विभिन्न प्रकार का रद्दी सामान ले जाते हैं।

5

वितरण विभाग

(Circulation Department)

5.1. किसी भी समाचार-पत्र प्रबन्धन का सबसे महत्त्वपूर्ण कार्य है अपने उत्पाद को उपभोक्ताओं तक पहुँचाना। इसका विक्रय करना, इसके बारे में उपभोक्ताओं की जानकारी करना, नए उपभोक्ता तैयार करना तथा अन्य सभी प्रतियोगी समाचार-पत्रों के मध्य अपनी स्थिति को सुदृढ़ बनाए रखना विपणन के या वितरण विभाग के कार्यक्षेत्र का अंग है। समाचार-पत्र के वितरण में यह बात अवश्य ध्यान में रख लेनी चाहिए कि यह उस श्रेणी का उत्पाद है जो कुछ ही घंटों में बासी हो जाता है। विशेषकर आज के युग में जबकि इलेक्ट्रॉनिक मीडिया ने अपने आपको गाँव-गाँव तक पहुँचा दिया है।

5.2. वितरण विभाग को मूल रूप से दो भागों में बाँट सकते हैं—कार्यालय परिसर में होनेवाले कार्य एवं बाहर के कार्य (Field Work)। कार्यालय परिसर में

किए जानेवाले कार्यों में मुख्य हैं—समाचार-पत्र की माँग का अनुमान लगाना, उस अनुमान के अनुरूप मशीन विभाग को छपाई के निर्देश देना, छपे हुए समाचार-पत्र का वितरण रेल, बस, हवाई जहाज, टैक्सी आदि विभिन्न साधनों से करना, सभी प्रकाशन केन्द्रों पर अपनी तथा अन्य समाचार-पत्रों की वितरण संख्या पर दृष्टि रखना, समाचार-पत्र प्रकाशन में उपयोगी अखबारी कागज के आवक-जावक का रिकार्ड रखना, बिके हुए माल के बिल भेजना, उनके भुगतान प्राप्त करना तथा आवश्यकतानुसार धरोहर राशि प्राप्त करना। विक्रेताओं के कार्यों की नियमित समीक्षा करना, आवश्यकता के अनुरूप विक्रेताओं को बदलते रहना, नए विक्रेताओं की नियुक्ति करना, स्थानीय हॉकर्स द्वारा की जानेवाली बिक्री पर निगरानी रखना, सुदूर क्षेत्रों में डाक द्वारा भेजे जानेवाले समाचार-पत्रों की व्यवस्था बनाए रखना, अपने समाचार-पत्र की बिक्री बढ़ाने के लिए प्रचार-प्रसार के अन्य माध्यमों से पाठकों को जानकारी देते रहना, अपने विशेषांकों एवं परिशिष्टों की अग्रिम सूचना देते रहना, अपने क्षेत्रीय निरीक्षकों के जरिये विक्रेताओं से सम्पर्क बनाए रखना, उनके सुख-दुःख में शामिल होना, अन्य समाचार-पत्रों की विभिन्न क्षेत्रों में होनेवाली गतिविधियों पर दृष्टि रखना, समय-समय पर अपने समाचार-पत्र के बारे में पाठकों की राय विभिन्न माध्यमों यथा सर्वेक्षण, औपचारिक तथा अनौपचारिक बैठकें, पत्राचार, क्षेत्रीय कार्यकर्ताओं की रिपोर्ट आदि से करते रहना, भारत में समाचार-पत्रों के पंजीयक, जिला कलेक्टर, राज्य सरकार के जनसम्पर्क निदेशालय आदि विभिन्न सरकारी कार्यालयों को वांछित जानकारी उपलब्ध करवाना आदि भी वितरण विभाग के कार्य हैं। सर्वाधिक महत्त्वपूर्ण कार्य है अपने समाचार-पत्र की वार्षिक योजना के लिए प्रस्ताव तैयार करना, जिसमें उपरोक्त सभी बिन्दुओं के साथ-साथ अपने समाचार-पत्र की भावी योजनाओं पर भी दृष्टिपात किया जाता है और साथ ही अन्य समाचार-पत्रों के साथ अपने समाचार-पत्र का एक तुलनात्मक ब्यौरा भी दिया जाता है।

5.3. विश्व की किसी भी उपभोक्ता सामग्री के मुकाबले समाचार-पत्र का वितरण कार्य अधिक महत्त्वपूर्ण है। विशेषकर आज के युग में जब कि इलेक्ट्रॉनिक संचार माध्यमों ने समाचारों की गति इतनी तेज कर दी है कि जो समाचार-पत्र पहले शाम तक पुराना होता था वहीं वह आज केवल कुछ घंटों में बासी हो जाता है। यह बात भारत जैसे देश में और भी महत्त्वपूर्ण हो जाती है जहाँ कि दूरियाँ अधिक हैं और सड़कों की व्यवस्था और यातायात के साधन

अपेक्षाकृत कम। समय के साथ जैसे-जैसे देश में शिक्षा और क्रय शक्ति का सामान्य स्तर बढ़ रहा है वैसे-वैसे पाठकों की अपेक्षाएँ भी बढ़ती जा रही हैं। हमारी आर्थिक स्थिति उस दृष्टि से अभी बहुत पीछे है। इसी कारण हमारे समाचार-पत्रों का आकार बहुत छोटा है तथा पाठकों की अपेक्षा को एक सीमा के आगे पूरा नहीं कर सकता। फिर भी जो कुछ समाचार-पत्र तैयार किया जाता है उसे प्रतिदिन प्रातःकाल पाठकों की चौखट तक पहुँचाना वितरण व्यवस्था का सबसे बड़ा लक्ष्य होता है।

5.4. वैसे तो समाचार-पत्र की माँग का मुख्य कारण उसमें प्रकाशित नवीनतम समाचारों का प्रकाशन, उनकी सत्यता, भाषा तथा पाठकों के प्रति सम्मान का भाव होता है। साथ ही समाचार-पत्र में प्रकट विचारों एवं लेखकों का स्तर, क्षेत्रीय एवं राष्ट्रीय मुद्दों के प्रति समाचार-पत्र का दायित्व निर्वहन एवं वह सब सामग्री जो तैयार करता है। मध्य सप्ताह एवं सप्ताहान्त में प्रकाशित होनेवाले परिशिष्ट भी उस दृष्टि से कम महत्त्वपूर्ण नहीं होते। अपने समाचार-पत्र के बारे में उपरोक्त बातें सही एवं प्रभावी तरीके से पाठकों तक पहुँचाना एवं उनके मानस को इसके प्रति आदरपूर्ण बनाए रखना भी कोई सरल कार्य नहीं है। स्वयं एक माध्यम होते हुए भी किसी दूसरे माध्यम का सहारा लेना अपने आप में एक विचारणीय प्रश्न है, किन्तु समय के साथ यह देखने में आया है कि ये प्रयास पूर्ण रूप से व्यर्थ नहीं जाते। विभिन्न माध्यमों के जरिये प्रचार करना, समय-समय पर विभिन्न विषयों पर कार्यशालाएँ आयोजित करना, सामाजिक मुद्दों पर अभियान चलाना या उनमें अपनी भागीदारी निभाना, विक्रेताओं की नियमित बैठकें करना, क्षेत्रीय मुद्दों पर समय-समय पर परिशिष्ट तैयार करना अथवा ऐसे मुद्दों पर खुली बहस आमन्त्रित करना आदि कुछ ऐसे कार्य हैं जिनसे समाचार-पत्र के प्रति पाठकों का आकर्षण बढ़ सकता है।

विपणन की दृष्टि से यह भी महत्त्वपूर्ण है कि अपने क्षेत्र के अन्य समाचार-पत्रों की गतिविधियों पर भी पूरी आँख रखी जाए। कौन-कौन से समाचार-पत्र किन-किन क्षेत्रों में जाते हैं, उनके विक्रेताओं के बारे में आप क्या जानते हैं। उनकी विपणन नीतियों की जानकारी करना एवं उनके बारे में पाठकों की राय की जानकारी करना, सभी बातें महत्त्वपूर्ण हैं।

5.5. आज तो सबसे महत्त्वपूर्ण मुद्दा यह है कि कौन-सा समाचार-पत्र सबसे पहले पाठकों तक पहुँचता है। कुछ साल पहले दैनिक समाचार-पत्र

आमतौर पर रेल या बस से भेजे जाते थे। बड़े समाचार-पत्र आज इस काम के लिए अपनी टैक्सियों का प्रयोग करने लग गए हैं। इसका लाभ यह है कि विभिन्न संस्करणों को प्रकाशित करने के समय बस या रेल के समय के साथ नहीं जुड़कर आपके नियन्त्रण में आ जाता है तथा इसी अनुपात में समाचार लगाने के लिए आपको समय मिल जाता है। अब विक्रेताओं को समाचार-पत्र लेने के लिए स्टेशन पर नहीं आना पड़ता, जो कि सामान्यतः शहर से दूर होता है तथा बेवक्त कोई और साधन भी नहीं मिलता। टैक्सी विक्रेता के घर तक समाचार-पत्र पहुँचा देती है और नवीनतम समाचार मुँह अँधेरे सभी क्षेत्रों में एक साथ उपलब्ध हो जाते हैं।

5.6. यहाँ यह उल्लेखनीय है कि समाचार-पत्रों की बिक्री के प्रचलित तरीके मूलतः निम्न हैं :

(अ) **सीधा विक्रय**—आमतौर पर सीधा विक्रय समाचार-पत्र के प्रकाशन स्थल पर ही होता है। बड़े शहरों में कई विक्रय केन्द्र भी हो सकते हैं। वितरक (हॉकर्स) स्वयं प्रतिदिन कार्यालय या विक्रय केन्द्र पर आकर नकद भुगतानकर समाचार-पत्र खरीदते हैं। इनके साथ किसी तरह का अनुबन्ध नहीं होता और न ही इनसे किसी तरह की धरोहर राशि ली जाती है। परोक्ष रूप से ये सभी वितरक सीधे कार्यालय से जुड़े होते हैं।

(ब) **थोक विक्रेता**—ये सभी प्रायः प्रकाशन केन्द्रों पर ही देखने को मिलते हैं। कुछ बड़े शहरों में भी समाचार-पत्र इन विक्रेताओं के माध्यम से बेचे जाते हैं। इसकी सबसे बड़ी सुविधा यह है कि आपको केवल एक ही व्यक्ति से लेन-देन करना होता है। शहर के सभी वितरक फिर इस व्यक्ति से अपना माल लेते रहते हैं।

(स) **स्थानीय विक्रेता**—प्रकाशन केन्द्रों के अलावा अन्य स्थानों पर विक्रेताओं की नियुक्ति की जाती है। छोटे-बड़े स्थान के अनुसार ये विक्रेता आपका समाचार-पत्र भी बेच सकते हैं तथा अन्य दूसरे भी। कहीं-कहीं आवश्यकता होने पर एक से अधिक विक्रेताओं की नियुक्तियाँ भी करनी पड़ सकती हैं। इन विक्रेताओं के अपने व्यक्ति हो सकते हैं जो समाचार-पत्र बाँटने का काम करते हैं या इनके अपने प्रतिनिधि भी इनसे कमीशन के आधार पर नियमित समाचार-पत्र खरीद सकते हैं।

(द) **चन्दे से सीधी बिक्री**—आज भी हमारे देश में अनेक गाँव ऐसे हैं जो

किसी भी तरह की यातायात व्यवस्था से नहीं जुड़े हैं। ऐसे अधिकतर छोटे गाँव होते हैं। वहाँ किसी विक्रेता की नियुक्ति करना आर्थिक दृष्टि से सम्भव नहीं है। जिस व्यक्ति या संस्था को समाचार-पत्र की आवश्यकता होती है वह उस समाचार-पत्र का तिमाही, छमाही या वार्षिक चन्दा भेज देते हैं तथा उनको डाक के द्वारा नियमित रूप से समाचार-पत्र भेज दिया जाता है। देश के दूर-दराज के शहरों से भी कई पुस्तकालय, कार्यालय या व्यक्ति चन्दा भेजकर समाचार-पत्र मँगाते हैं।

5.7. समाचार-पत्र विक्रेता (Agent) की नियुक्ति प्रबन्धकों के लिए सबसे कठिन कार्य है। उनकी आर्थिक स्थिति, उनका व्यवसाय, अपने क्षेत्र में उनकी साख एवं उनका व्यवहार आप बिना कुछ समय तक उनके साथ कार्य किए कैसे जान सकते हैं ? चूँकि समाचार-पत्र वितरण का कार्य भी बहुत ही कठिन है, इन अर्थों में कि इन्हें दूधवालों की तरह प्रतिदिन मुँह अँधेरे उठकर अखबार बाँटना पड़ता है। नियमित समय पर बिना वसूली हुए भी भुगतान करना पड़ता है तथा सभी बड़े विक्रेताओं को वितरण और भुगतान के लिए अपने सहकर्मियों पर निर्भर रहना पड़ता है। विक्रेता बनने के लिए एक निश्चित राशि धरोहर के रूप में कार्यालय में जमा करानी पड़ती है, अतः हमारे देश में ज्यादा पढ़े-लिखे लोग या प्रतिष्ठित व्यापारी इस काम को शुरू करने में हिचकिचाते हैं। यह दूसरी बात है कि अनेक व्यक्ति इस काम को करते-करते प्रतिष्ठा पा जाएँ। दैनिक समाचार-पत्र के लिए यह भी सम्भव नहीं है कि वह आए दिन अपना विक्रेता बदलता रहे।

5.8. विक्रेताओं के सामने एक सबसे बड़ी समस्या होती है समय पर अखबार न पहुँचने की, अथवा कम या खराब छपी प्रतियाँ पहुँचने की। छोटे अखबार आमतौर पर रेल या बस से ही भेजे जाते हैं। पहली बात तो आज इनका निश्चित समय पर पहुँचना ही निश्चित नहीं है, दूसरी बात यह भी है कि आपका समाचार-पत्र वहाँ तक पहुँचे ही नहीं, बीच में ही कोई उतार ले। यदि पहुँच भी जाए तो यह आश्वासन कोई नहीं देता कि आपकी प्रतियों का बंडल बिना फटे पहुँचेगा या उसमें से प्रतियाँ कम नहीं होएँगी। अतः हिसाब-किताब का काम विश्वास के भरोसे से ही चलता है।

5.9. सभी विक्रेताओं या वितरकों की प्रतियाँ घटने-बढ़ने की सूचना प्रतिदिन कार्यालय में पहुँचती रहती है। इसके अनुसार उसके रिकार्ड में परिवर्तन भी होता रहता है। इसी के अनुसार उसके यहाँ जानेवाले बंडलों के लेबल तैयार किए जाते

हैं, जिसे डाक बनाना कहते हैं। ये लेबल अलग-अलग संस्करण के अनुसार अलग-अलग श्रेणी में रख दिए जाते हैं। इन सबका योग करके यह निश्चित किया जाता है कि कुल कितनी प्रतियाँ कल छापी जाएँगी। कई बार ऐसा हो सकता है कि कुछ विशेष अवसरों या घटनाओं के कारण प्रतियों की संख्या में घट-बढ़ हो जाए। इसके अनुरूप छपनेवाली प्रतियों में परिवर्तन करने की आवश्यकता भी हो सकती है। उदाहरण के तौर पर परीक्षाओं के परिणाम, चुनावी सरगर्मियाँ आदि के कारण प्रतियाँ बढ़ने की सम्भावना दिखाई पड़ती है। शहर में कर्फ्यू लग जाने, अतिवृष्टि से मार्ग अवरुद्ध हो जाने जैसे कारणों से सप्लाई के घटने की भी सम्भावनाएँ रहती हैं। इस प्रकार छपाई के जो अन्तिम आँकड़े तैयार होते हैं उसे प्रिन्ट ऑर्डर (Print Order) कहते हैं। इस प्रिन्ट ऑर्डर की एक प्रति मशीन विभाग के व्यवस्थापक के पास भेज दी जाती है।

5.10. आजकल अधिकतर बड़े समाचार-पत्रों में रविवार एवं मध्य सप्ताह के रंगीन परिशिष्ट तैयार होने लगे हैं। चूँकि अधिकतर प्रान्तीय लघु एवं मध्यम समाचार-पत्रों के पास इनकी छपाई की व्यवस्था नहीं होती तथा कई बड़े समाचार-पत्रों के पास भी रंगीन चित्रों के पॉजिटिव बनाने (स्केनिंग) की व्यवस्था नहीं होती, अतः इन्हें ये सारे कार्य बहुत पहले ही तय करने पड़ते हैं। इन तारीखों की प्रसार संख्या भी अनुमान से ही तय करके प्रतियाँ छाप ली जाती हैं। कई समाचार-पत्रों में ये प्रतियाँ एक केन्द्र से छपकर अन्य केन्द्रों को बस या रेल से भी भेजी जाती हैं। अतः इन्हें एक सप्ताह पूर्व छापना लाजिमी हो जाता है।

5.11. वितरण विभाग के पास समय-समय पर यह जानकारी आती रहती है कि विज्ञापन विभाग, सम्पादकीय विभाग या प्रबन्धकों ने कौन-कौन से विशेषांकों की तारीखें तय कर दी हैं। अतः इन विशेषांकों के बारे में विक्रेताओं को सूचित करना, प्रचार-प्रसार की विशेष सामग्री तैयार करना वितरण विभाग के ही कार्य हैं। अतिरिक्त पृष्ठों के कारण भेजी जानेवाली प्रतियों की संख्या में परिवर्तन करना, अतिरिक्त साधनों की व्यवस्था करना एवं डाक से भेजे जानेवाले समाचार-पत्रों के लिए अलग से डाक टिकटों की व्यवस्था करना आदि कार्य वितरण विभाग को देखने पड़ते हैं। वितरण विभाग ही छपी हुई प्रतियों को विवरण के अनुसार बँधवाकर संस्करण के अनुसार भेजने की व्यवस्था भी देखता है। इसके लिए अलग-अलग साधन, रेल, बस या कार्यालय की अपनी टैक्सियों के चालान तैयार किए जाते हैं जिनके आधार पर कार्यालय से प्रतियाँ बाहर ले जाने की

अनुमति मिलती है। बसों के मासिक पास बने होते हैं। रेल की बिल्टियाँ प्रतिदिन बनवानी पड़ती हैं। और निजी टैक्सियों से आमतौर पर वार्षिक अनुबन्ध होता है।

इन सब गतिविधियों के बीच ध्यान केवल एक ही बात पर रहता है कि सभी विक्रेताओं के पास सप्लाई चाहे किसी भी साधन से जा रही हो, प्रातः 6 बजे पूर्व पहुँच जानी चाहिए। इसी के अनुरूप मार्ग तय किए जाते हैं। इसी कारण सबसे लम्बी दूरी के समाचार-पत्र सबसे पहले रवाना किए जाते हैं और कम दूरी के सबसे बाद में।

5.12. **बिल**—सभी विक्रेताओं को उनकी सप्लाई के अनुरूप माह के अन्त में बिल भेजे जाते हैं। इनका भुगतान अगले माह की 10 और 20 तारीख के मध्य प्राप्त हो जाता है। इन बिलों में चालू मास की बकाया राशि के अलावा पिछली बकाया, जमा धरोहर राशि और उस पर दिया गया ब्याज तथा विभिन्न क्रेडिट और डेबिट नोट्स की जानकारी होती है। चूँकि अब धीरे-धीरे बिल बनाने की प्रक्रिया कम्प्यूटर के माध्यम से होने लगी है, अतः अधिक से अधिक जानकारी विक्रेताओं के पास समय-समय पर पहुँचती रहती है। दिक्कत उस समय पैदा होती है जब विक्रेता का भुगतान समय पर नहीं पहुँचता है। कुछ दिन प्रतीक्षा करने के बाद यह आवश्यक हो जाता है कि छोटे एवं नए विक्रेताओं को सप्लाई रोक दी जाए। बड़े विक्रेताओं की सप्लाई बन्द करने में एक ही विचार बार-बार आता है कि ऐसा करने से अनेक पाठकों को अनावश्यक परेशानी का सामना करना पड़ेगा। अतः ऐसी स्थिति में कार्यालय प्रतिनिधि को भेजना ही अधिक उचित है।

5.13. वितरण विभाग का दायित्व है कि वह संवैधानिक आवश्यकताओं की पूर्ति के लिए कई प्रकार की जानकारियाँ एवं अभिलेख सदा तैयार रखे। इसमें अधिकतर अभिलेख भारत में समाचार-पत्रों के पंजीयक कार्यालय के हिसाब से रखना पड़ता है, तो कुछ आयकर की दृष्टि से। इसके अतिरिक्त यदि आपका समाचार-पत्र ऑडिट ब्यूरो ऑफ सर्कुलेशन (ए.बी.सी.) का सदस्य है तो अभिलेख सम्बन्धी उसकी आवश्यकताओं का कठोरता से पालन करना होता है। मूल रूप से इनमें बिकनेवाली प्रतियों की संख्या, छपाई मशीनों का विवरण तथा उपभोग किए हुए अखबारी कागज का लेखा-जोखा रखना होता है।

भारत में समाचार-पत्रों के पंजीयक (R.N.I.) को भेजी जानेवाली मुख्य जानकारियाँ—

1. औसत प्रसार संख्या के लिए उपभोग किया अखबारी कागज पर्याप्त है

या नहीं,

2. छपाई क्षमता उस प्रसार संख्या के अनुपात में पर्याप्त है या नहीं,
3. रद्दी हुए कागज की मात्रा सामान्य है अथवा अधिक,
4. खरीदे गए अखबारी कागज का भुगतान नियमानुसार हुआ है या नहीं,
5. अग्रिम छापे गए परिशिष्ट का लेखा-जोखा पृष्ठानुसार तथा छपाई एवं वितरण तिथि के आधार पर सही है या नहीं,

ए.बी.सी. के ऑडिटर्स जिन बातों को देखते हैं उनमें प्रमुख हैं—

1. प्रकाशक द्वारा छापी गई कितनी-कितनी प्रतियाँ किस-किस विक्रेता को किस-किस साधन से भिजवाई गईं,
2. विक्रेता द्वारा सप्लाई में कराया गया परिवर्तन समय पर किया गया अथवा नहीं,
3. क्या विक्रेता की सप्लाई उसकी माँग के अनुसार है,
4. विक्रेता का भुगतान निर्धारित समयावधि में प्राप्त हो रहा है या नहीं,
5. सप्लाई के सम्बन्ध में विक्रेता की शिकायतों पर वितरण विभाग ने क्या कार्यवाही की,
6. जिन साधनों से सप्लाई भिजवाई जा रही है उन सबका भुगतान समय से और निर्धारित दरों से किया जा रहा है या नहीं,
7. विक्रेताओं के साथ प्रकाशनों की बिक्री हेतु अलग-अलग अनुबन्ध किया गया है या नहीं,
8. बिक्री हुई प्रतियों के अनुपात में उपभोग किए गए अखबारी कागज के आँकड़े।

उपरोक्त दोनों ही संस्थाओं के अंकेक्षण के उद्देश्य एवं कार्यक्षेत्र अलग-अलग होने के कारण वितरण विभाग का यह उत्तरदायित्व है कि वह दोनों की ही आवश्यकतानुसार अभिलेख तैयार करे।

5.14. उपरोक्त दैनिक कार्यों के अतिरिक्त भी कई तरह के नियमित कार्य वितरण विभाग को करने पड़ते हैं। विक्रेताओं से कई तरह की शिकायतें बराबर आती रहती हैं, जैसे—बंडल नहीं मिलना, प्रतियों का कम निकलना, किसी अन्य विक्रेता द्वारा उसके क्षेत्र में समाचार-पत्र की बिक्री करना, दो विक्रेताओं की प्रतिस्पर्धा के फलस्वरूप लड़ाई-झगड़ा होना। इन सब समस्याओं का समय-समय पर समाधान होता रहे एवं विक्रेता से नियमित सम्पर्क बना रहे, इसके लिए

आवश्यक है कि पत्र का प्रतिनिधि समय-समय पर अपने क्षेत्र का दौरा करता रहे। इससे अपने विक्रेता की समस्याओं को समझने का मौका मिलेगा। उसकी साख और हमारे समाचार-पत्र के बारे में राय तथा अन्य प्रतियोगी समाचार-पत्रों की उस क्षेत्र में गतिविधियों की पूरी जानकारी मिलती रहेगी। वैसे भी व्यवसाय पैसे के साथ-साथ मानवीय हितों एवं व्यवहार पर आधारित होता है। अतः अपने प्रतिनिधि के साथ व्यक्तिगत व्यवहार का विशेष प्रभाव भी देखा गया है।

हमारे वितरण विभाग में एक नियम है कि यदि किसी विक्रेता के पुत्र या पुत्री की शादी हो, या उसके किसी आश्रित की मृत्यु हो जाए, तो ऐसे अवसर पर कार्यालय-प्रतिनिधि का वहाँ पहुँचना आवश्यक होता है। इस छोटे से नियम ने विक्रेताओं के मन में समाचार-पत्र के प्रति आत्मीयता का भाव पैदा कर दिया।

5.15. समय-समय पर यह जानकारी कर लेना भी उचित होता है कि पाठकों के बीच आपके समाचार-पत्र की स्थिति क्या है। इस जानकारी के लिए आपका सबसे विश्वसनीय व्यक्ति जो पाठकों के बीच ही रहता है वह आपका विक्रेता होता है, जिसे हर महीने हर घर जाना पड़ता है और जिसे ग्राहक भुगतान करने से पहले सारी शिकायतें सुनाता ही है। अतः यह एक विवेकपूर्ण कार्य होगा कि साल में कम से कम एक बार अपने विक्रेता के साथ विचार-विमर्श के लिए बैठा जाए। इससे न केवल स्वयं का प्रतिबिम्ब दिखाई पड़ता है बल्कि कई उपयोगी सुझाव भी सामने आते हैं। कई तरह की समस्याओं का समाधान ऐसे आदान-प्रदान से हो सकता है। ये विक्रेता न केवल वितरण सम्बन्धी बल्कि समाचारों से सम्बन्धित शिकायतें व सुझाव पहुँचाने में भी सक्षम होते हैं।

बैठकों से मुख्य रूप से निम्न बातों का विस्तार से पता चल सकेगा—

— समाचार-पत्र के प्रति पाठकों की राय।

— प्रतियोगी समाचार-पत्रों की गतिविधियों की जानकारी।

— क्या उनके क्षेत्र में कोई बड़ी समस्या है, जिसे समाचार-पत्र उठा सकता है ?

— क्या उस क्षेत्र में कोई बड़ी परियोजना स्वीकृत हुई है ? उसमें कितने लोग काम करेंगे ?

— किस-किस तरह के प्रसार-प्रचार माध्यम उस क्षेत्र में काम में लाए जा सकते हैं ?

— क्षेत्र में फसल और क्रय-क्षमता की जानकारी।
— कौन-कौन से नए समाचार-पत्र इस क्षेत्र में आने लगे हैं।
— कौन-कौन से बन्द हो गए हैं ?
— प्रतियोगी समाचार-पत्रों की क्षेत्रीय विशेषांकों की पृष्ठ संख्या, रंगीन पृष्ठ, विक्रय मूल्य, विपणन नीति आदि।
— पिछले समय में हुई समाचार-पत्र की उन्नति/अवनति के कारण।

5.16. उपरोक्त जानकारियों के साथ-साथ समाचार-पत्र में होनेवाले परिवर्तन जैसे—नई मुद्रण व्यवस्था, नए परिशिष्ट या नए रंगीन पृष्ठों का प्रकाशन, किसी नए संस्करण की शुरुआत आदि के परिप्रेक्ष्य में बात करते हैं, तो समाचार-पत्र की भावी छवि देखने को मिलेगी। यह भी तय किया जा सकता है कि किस-किस स्थान पर आनेवाले समय में नई एजेन्सी खोले जाने की सम्भावना है, किस-किस स्थान पर समय पर समाचार-पत्र नहीं पहुँच पा रहा अथवा वांछित संस्करण नहीं पहुँच रहा तथा क्या संवाददाता अपने क्षेत्र में सक्रिय है या नहीं। ये बैठकें विक्रेताओं के प्रति सम्मानसूचक भी होंगी।

5.17. इन सब बातों के अतिरिक्त विभाग की कार्यवाही का सुचारू रूप से संचालन भी बहुत महत्त्वपूर्ण है। वितरण विभाग की इन सभी गतिविधियों का नियन्त्रण संस्थान का कोई वरिष्ठ निदेशक या व्यवस्थापक करता है। इस अधिकारी की सफलता इस बात पर निर्भर करती है कि वह कितना अनुभवी है और विक्रेताओं/वितरकों को कितने नजदीक से जानता है। अनुभव यह बताता है कि वितरण के लिए किसी भी विक्रेता को प्रोत्साहित करने का प्रमुख आधार व्यक्तिगत व्यवहार ही होता है। आर्थिक लाभ के प्रति हर व्यक्ति सचेत होता है, किन्तु व्यक्तिगत सम्पर्कों से अपने वितरण संस्थान को परिवार का रूप दे देना विक्रेता के अहम् को तुष्ट करता है। उसकी हैसियत बढ़कर आपके बराबर हो जाती है, यह बात उसके लिए अत्यधिक महत्त्वपूर्ण है। इस तरह के नेतृत्व के अधीन जिस वितरण संस्थान का ढाँचा तैयार होता है उसके हर सदस्य की दृष्टि प्रसार संख्या या अर्थलाभ के पहले व्यक्ति पर होती है।

अधिकारी अपने सहयोगियों की एक टीम तैयार करता है। अपने कार्य को अलग-अलग अनुभागों में बाँटकर सहयोगियों के जिम्मे करता है। एक अधिकारी इन सभी अनुभागों के कार्यों का समन्वय करता है। दिन और रात की गतिविधियों और नियमित होनेवाले साप्ताहिक, पाक्षिक या मासिक गतिविधियों पर भी

नियमित आँख रखता है। वितरण विभाग के हर सदस्य के कार्य एवं व्यवहार की जानकारी रखना, समय-समय पर नई भर्ती करके प्रशिक्षण की व्यवस्था करना तथा सीखने के लिए उचित वातावरण बनाना भी इसी अधिकारी का कार्य है।

वितरण विभाग के सभी सदस्यों का व्यवहार कुशल होना सबसे आवश्यक गुण माना जाएगा। चूँकि सभी कार्य प्रतिदिन ही निपटाने पड़ते हैं, अतः कार्य का बँटवारा इस तरह से हो कि हर व्यक्ति कम से कम दो तरह के कार्य करने में सक्षम हो। चूँकि वितरण विभाग का आधा काम दिन में और शेष आधा काम रात्रि में होता है अतः यह भी एक आवश्यक पहलू है कि इनमें पूर्ण समन्वय बना रहे, सूचनाओं का आदान-प्रदान सही तरह से हो और शिकायतों पर तुरन्त ध्यान दिया जाए।

5.18. बढ़ती हुई प्रतिस्पर्धा ने आज प्रचार-प्रसार के प्रश्न को ज्वलन्त बना दिया है। शिक्षा की कमी के कारण पहले ही पाठक कम हैं और उस पर विज्ञापन का खर्चा अर्थात् गरीबी में आटा गीला। आप देखेंगे कि आज लगभग सभी बड़े समाचार-पत्र इस होड़ में लग गए हैं। वैसे प्रचार व प्रसार के लिए शहरी और ग्रामीण क्षेत्रों में अलग-अलग माध्यमों का चुनाव ही सर्वश्रेष्ठ होगा। जिस श्रेणी के पाठकों को अपने समाचार-पत्र के साथ जोड़ना है उनके व्यावहारिक एवं वैचारिक धरातल के अनुरूप ही प्रसार माध्यम तय करना चाहिए। अन्यथा आवश्यक नहीं कि सभी प्रचार माध्यमों का सभी वर्ग के लोगों पर एक-सा प्रभाव पड़े।

5.19. यहाँ यह उल्लेख करना आवश्यक है कि चूँकि बहुत सारे आँकड़े मशीन (प्रोडक्शन) विभाग से प्राप्त होते हैं और औसत भारतीय समाचार-पत्र कार्यालयों में इस विभाग में अधिक शिक्षित कर्मचारी नहीं होते, अतः उचित यह होगा कि वितरण विभाग का ही एक ही कर्मचारी नियमित रूप से प्रतिदिन इन आँकड़ों की जाँच कर ले। इनके अलावा वितरण विभाग को कुछ अन्य कानूनी खानापूर्तियाँ भी करनी पड़ती हैं, जैसे—(अ) प्रतिवर्ष एक मार्च को अपने समाचार-पत्र के स्वामित्व के बारे में वांछित सूचना, अपने पत्र में प्रकाशित करे, (ब) जिला कलेक्टर, पुलिस अधीक्षक, केन्द्रीय पुस्तकालय, कलकत्ता आदि वर्णित कार्यालयों में नियमित रूप से अपने प्रकाशन की प्रतियाँ भेजे, और (स) अपने समाचार-पत्र की प्रसार सम्बन्धी जानकारी नियत तिथि पर भारत में समाचार-पत्रों के पंजीयक कार्यालय को भेजे।

मेरे समाचार-पत्र द्वारा विक्रेताओं से जो सूचनाएँ एकत्रित हुईं, उनसे निम्न शिकायतें और सुझाव सामने आए—

शिकायत का प्रकार	प्रतिशत
1. पैकिंग सही नहीं	3.8
2. प्रतियाँ कम निकलती हैं	14.2
3. टैक्सी समय पर नहीं आती	23.1
4. स्थानीय समाचारों की कमी	31.6
5. पत्रों के उत्तर नहीं आते	11.1
6. विज्ञापन अधिक हैं	2.7
7. अन्य	13.5

सुझाव	
1. टैक्सी शुरू करें	12.0
2. संवाददाता नियुक्त करें	17.2
3. प्रचार-प्रसार सामग्री भेजें	14.8
4. स्थानीय समाचार अधिक दें	32.0
5. बंडल समय पर भेजें	16.7
6. अन्य	7.3

समाचार-पत्र विक्रेताओं का विवरण

उम्र अनुसार

आयु वर्ग	12-20	21-28	29-35	36-50	51 और ऊपर	अज्ञात
प्रतिशत	9.2	25	27.5	22.5	3.1	12.3

शिक्षा अनुसार

शिक्षा	अशिक्षित	शिक्षित	दसवीं	पूर्व स्नातक	स्नातक	स्नातकोत्तर	अज्ञात
प्रतिशत	0.2	23.3	33.1	22.6	14.1	2.6	3.1

पेशे अनुसार

व्यवसाय	व्यापार	सरकारी कर्मचारी	विद्यार्थी	व्यवसायी तकनीकी	कृषक	अन्य
प्रतिशत	28.3	10.2	7.1	8.9	10.8	31.7

वितरण साधन
(जयपुर संस्करण में)

हॉकर्स	50.12 प्रतिशत
टैक्सी	45.50 प्रतिशत
बस	2.19 प्रतिशत
रेल	2.19 प्रतिशत

6

प्रशासन विभाग
(Administrative Department)

6.1 प्रशासन की कुशलता में ही संस्था का सम्पूर्ण हिताहित निहित है। हर संस्थान में कर्मचारियों की भर्ती, उनका प्रशिक्षण, कार्य-व्यवस्था, उनकी वैधानिक आवश्यकताओं आदि का संचालन करने के लिए एक प्रशासनिक विभाग होता है। उपरोक्त कार्यों के अलावा कर्मचारियों की उपस्थिति, उनके अवकाश आदि का लेखा-जोखा रखना तथा उपस्थिति के अनुसार वेतन आदि के लिए लेखा विभाग को सूचित करना आदि कार्य भी प्रशासनिक विभाग को करने होते हैं।

प्रशासनिक विभाग ही चपरासी, चौकीदार, वाहन-चालक आदि का ड्यूटी-चार्ट बनाता है तथा उनकी छुट्टियों और ओवरटाइम का रिकार्ड रखता है। आवश्यकता पड़ने पर कर्मचारियों को चेतावनी-पत्र भी प्रशासनिक विभाग द्वारा ही जारी किया जाता है। वैधानिक एवं कानूनी कार्यवाही के लिए यही विभाग पूर्ण रूप से उत्तरदायी है।

6.2 **कर्मचारियों की भर्ती एवं प्रशिक्षण :** कर्मचारियों की भर्ती स्थायी भी हो सकती है और अस्थायी भी। कभी-कभी आवश्यकता पड़ने पर दैनिक मजदूरी पर भी कर्मचारी रखे जाते हैं। भर्ती के लिए आवेदन-पत्र में नाम, उम्र, जन्म-तिथि, शैक्षणिक योग्यता, पूरा पता आदि के साथ-साथ दो स्थायी व्यक्तिगत सन्दर्भ भी माँगे जाते हैं।

कर्मचारियों को दी जानेवाली छुट्टियों में आकस्मिक अवकाश, उपार्जित अवकाश, चिकित्सा अवकाश (बीमार होने पर) तथा महिलाओं के लिए प्रसूति अवकाश का प्रावधान होता है। साधारणतया उपार्जित अवकाश के लिए प्रार्थना-पत्र अग्रिम देना पड़ता है। छुट्टी पर रहनेवाले कर्मचारियों की एवज में दूसरे कर्मचारियों से कार्य लेकर कार्यालय व्यवस्था बनाए रखने का काम प्रशासनिक विभाग का ही है ताकि कार्य में किसी तरह का व्यवधान न हो।

जहाँ तक अनुशासन का प्रश्न है यह तो सभी संस्थाओं की आवश्यकता है। इसका अर्थ है अपने से बड़े के आदेशों का विनम्रतापूर्वक पालन। इसके लिए यह भी आवश्यक है कि हर व्यक्ति के कार्य एवं क्षेत्र का स्पष्ट निर्धारण हो। यह भी तय हो कि उसे कार्य के बारे में निर्देश कहाँ से मिलेंगे। सेवा नियम स्पष्ट हों तथा परिवेदनाओं की सुनवाई के लिए पर्याप्त अवसर उसे उपलब्ध हों। किस गलती की क्या सजा मिल सकती है, यह भी सुस्पष्ट होना चाहिए। इन सभी बातों का आमतौर पर संस्थान में प्रवेश के समय या प्रशिक्षण के समय पर ही कर्मचारी को ज्ञान करा दिया जाता है। अनुशासन के सम्बन्ध में पन्द्रहवें भारतीय श्रम सम्मेलन (15th Indian Labour Conference) में एक अनुशासन संहिता तैयार की गई थी, जिसका उद्देश्य था—नियोजक एवं कर्मचारियों के बीच अधिकारों एवं कर्त्तव्यों का स्पष्ट विवेचन तथा इस विवेचन को स्वीकार करते हुए दोनों ही पक्षों द्वारा उचित एवं स्वेच्छापूर्वक कार्य करना।

एक असन्तुष्ट कर्मचारी अव्यवस्थित व्यक्ति होता है। संस्थान का फर्ज है उस पर निगाह रखना। वांछित अनुशासन के लिए आवश्यक है कि आपके निर्णय परिस्थिति पर आधारित होने चाहिए न कि व्यक्ति पर। आपकी नीतियाँ हर हाल में दृढ़, उचित एवं एक-सी होनी चाहिए। दंड केवल उसी समय दिया जाए जब कि अन्य सभी प्रयास विफल हो जाएँ।

किन्तु यह बात अवश्य ध्यान में रखनी चाहिए कि देरी से किया गया न्याय अपनी सार्थकता खो देता है। अनुशासन का एकमात्र सूत्र है प्रेरित करना

(Motivation), प्रोत्साहित करना (Morale) और कुशल नेतृत्व प्रदान करना (Leadership)।

प्रशिक्षण

समाचार-पत्र संस्थान में प्रशिक्षण मूल रूप से चार क्षेत्रों में दिया जाता है— संस्थागत ढाँचे का, पत्रकारिता का, तकनीकी एवं व्यावसायिक तथा मानवीय सम्बन्धों का।

6.3 संस्था की सुरक्षा का दायित्व भी प्रशासनिक विभाग पर होता है। इस व्यवस्था में दरवाजे पर चौकीदार से लेकर रात्रि सुरक्षा व विशेष काल के लिए सुरक्षा प्रबन्धों की व्यवस्था सम्मिलित है। अग्निशमन और प्राथमिक चिकित्सा की सुविधा तो उत्पादन क्षेत्र में उपलब्ध होती ही है।

विभिन्न आन्दोलनों में बढ़ती हिंसा ने समाचार-पत्रों के लिए सुरक्षा के आयाम बदल डाले हैं। आज समाचार-पत्र परिसर, छपाई की मशीनें तथा कागज के गोदामों से अधिक व्यक्तियों की चिन्ता अधिक बढ़ गई है। जिन राज्यों में लम्बी अवधि से आन्दोलन चल रहे हैं वहाँ के हालात इस बात का ज्वलन्त उदाहरण हैं। पत्रकारों को जहाँ एक ओर विशेष सुविधाभोगी नागरिक माना जाता है वहीं आज सबसे अधिक असुरक्षित भी वही हो गया है।

अग्रिम पंक्ति की संस्थाओं में वाहन अनुभाग का कार्य भी प्रशासनिक विभाग के पास ही होता है। चालकों की ड्यूटी, गाड़ियों की देखभाल एवं नियमित सर्विस, लाग-बुक का रिकार्ड आदि कार्य इस अनुभाग के अन्तर्गत आते हैं।

अखबारों के बंडल भेजने में जो वाहन काम आते हैं, उनकी देखभाल दिन में करना नितान्त आवश्यक होता है, क्योंकि ये वाहन रात्रि में काम आते हैं। गाड़ी की लाइट, काँच आदि की सफाई, सर्दी-बरसात से बचाव के गाड़ी में प्रबन्ध होने आवश्यक हैं।

रात्रिकालीन व्यवस्था के लिए नियुक्ति करना एवं दैनिक रिपोर्ट के आधार पर कार्यवाही करना भी प्रशासनिक विभाग के अधिकार क्षेत्र में आता है।

6.4 संस्थान के भूमि और भवन से सम्बन्धित कार्यों की जिम्मेदारी भी प्रशासनिक विभाग ही सँभालता है। सार्वजनिक निर्माण विभाग, नगर विकास न्यास, नगर परिषद्, बिजली बोर्ड आदि विभागों से सम्पर्क बनाए रखना होता है

एवं भवन की मरम्मत से सम्बन्धित कार्यों की देखरेख भी इसी विभाग को करनी होती है।

प्रशासनिक विभाग के अन्य कार्य हैं—

1. कर्मचारियों से सम्बन्धित कानूनी मुद्दों पर कार्यवाही,
2. दुर्घटनाओं की जाँच,
3. कर्मचारी संघों की माँगों पर कार्यवाही,
4. बीमा, पुलिस आदि विभागों को सूचना देना, उनसे सूचना प्राप्त करना।

7

लेखा विभाग
(Accounts Department)

7.1 प्रत्येक व्यवसाय का रीढ़-खम्भ होता है उसका अर्थतन्त्र एवं उसके आय और व्यय का सम्पूर्ण लेखा-जोखा। बिना इसके न तो यह पता लगेगा कि उत्पादन की लागत क्या है और न ही यह पता चलेगा कि व्यवसाय लाभ प्राप्त कर रहा है या हानि। इसी आधार पर न केवल उत्पादन का विक्रय मूल्य तय किया जा सकता है बल्कि यह भी कि बाजार में संस्थान की स्थिति को सुदृढ़ बनाने के लिए किस आर्थिक सीमा तक किन-किन माध्यमों से प्रयास किया जा सकता है। इन्हीं लेखों के आधार पर व्यवसाय के वार्षिक शुद्ध लाभ और हानि का आकलन किया जाता है और उसी के अनुसार आगे के लिए तैयारी की जा सकती है। इन सब जानकारियों का मूल स्रोत है लेखा विभाग।

7.2 किसी भी समाचार-पत्र में आय के दो मूल स्रोत होते हैं—समाचार-पत्र

की बिक्री और विज्ञापन। लेखा विभाग इस पूरी आय का विस्तार से विवरण रखता है। इसी प्रकार समाचार-पत्र में काम आनेवाली सामग्री—अखबारी कागज, स्याही, फिल्म, ब्लॉक प्लेट आदि का लेखा-जोखा भी लेखा विभाग ही रखता है। लेखा विभाग में ही कर्मचारियों के वेतन, उसमें से की जानेवाली वैधानिक कटौतियाँ तथा अन्य सभी तरह के भुगतान का हिसाब-किताब रखा जाता है। उदाहरण के लिए, कर्मचारी राज्य बीमा (Employee's State Insurance), भविष्य निधि (Provident Fund) एवं स्रोत पर आयकर की कटौती, डाक एवं तार विभाग, रेलवे, पथ परिवहन, समाचार एजेन्सियों तथा संवाददाताओं और लेखकों आदि को नियमित भुगतान लेखा विभाग द्वारा ही किया जाता है। माह के अन्त में समस्त आय-व्यय का ब्यौरा दर्शाते हुए अपनी संस्था का तलपट तैयार करना भी लेखा विभाग के कार्यक्षेत्र में आता है।

7.3 वेतन रजिस्टर तैयार करना एवं उसका भुगतान करना लेखा विभाग का कार्य है। संस्थान शाखा द्वारा प्रत्येक माह उपस्थिति रजिस्टर तैयार कर लेखा विभाग के पास वेतन रजिस्टर तैयार करने के लिए भेजा जाता है। लेखा विभाग उपस्थिति रजिस्टर से प्रत्येक कर्मचारी का वेतन तैयार करता है। वेतन रजिस्टर तैयार करते समय कर्मचारी का निर्धारित दर से भविष्य निधि, कर्मचारी राज्य बीमा अंश, आयकर, अग्रिम भुगतान आदि कटौती कर वेतन रजिस्टर को अन्तिम रूप दिया जाता है। उसके पश्चात वेतन का प्रत्येक माह की निश्चित तारीख को भुगतान कर दिया जाता है।

लेखा विभाग कर्मचारियों को उनकी जमा छुट्टियों का उनकी आवश्यकतानुसार भुगतान करता है। कर्मचारियों द्वारा प्रस्तुत चिकित्सा बिलों का भुगतान, अग्रिम भुगतान आदि कार्य लेखा विभाग द्वारा किए जाते हैं।

समाचार-पत्र उद्योग की एक विडम्बना यह है कि इसमें कार्यरत कर्मचारियों का वेतन सरकार तय करती है। प्रबन्ध मंडल या पत्र के स्वामी को इस बारे में निर्णय का कोई अधिकार नहीं है। इस सम्बन्ध में केन्द्रीय सरकार द्वारा वर्ष 1956 में प्रथम वेज बोर्ड गठित किया गया था। तीसरे एवं बहुचर्चित पालेकर वेज बोर्ड का गठन 1975 में किया गया था। चौथा एवं अन्तिम वेज बोर्ड न्यायाधीश यू. एन. बाछावत की अध्यक्षता में जुलाई, 1985 में गठित किया गया। वर्तमान में इसी वेज बोर्ड की सिफारिशों पर समाचार-पत्रों में सभी पत्रकार और गैर पत्रकार कर्मचारियों को वेतन दिया जा रहा है।

7.4 लेखा विभाग का ही यह दायित्व माना जाता है कि वह अपनी निगरानी में आयकर, सीमा शुल्क, भारत में समाचार-पत्रों के पंजीयक कार्यालय तथा कम्पनी लॉ बोर्ड जैसी संस्थाओं को संवैधानिक आवश्यकताओं की पूर्ति हेतु समय-समय पर सूचनाएँ उपलब्ध कराए तथा इंडियन न्यूजपेपर सोसायटी और ऑडिट ब्यूरो ऑफ सर्कुलेशन जैसी संस्थाओं की आवश्यकताओं के अनुरूप अपने लेखे तैयार करे। इसी प्रकार संवैधानिक आवश्यकताओं के अनुरूप अपने संस्थान के अभिलेखों को वांछित अवधि तक सुरक्षित रखने का जिम्मा भी इसी विभाग का है।

विधिक, आयकर एवं अन्य करों से सम्बन्धित कार्य निम्न हैं—

(अ) विभिन्न मामलों में आवश्यक कानूनी कार्यवाही करने हेतु वकीलों से सलाह ली जाती है एवं न्यायालयों में लम्बित वादों में पैरवी हेतु वकीलों को आवश्यक विवरण तैयार करके दिया जाता है। आयकर की विवरणी दाखिल की जाती है एवं कर निर्धारण हेतु आवश्यक कार्यवाही की जाती है।

(ब) वेतन, ब्याज एवं अनुबन्धों पर काटे गए स्रोत पर कर को आयकर अधिनियम के प्रावधानों के अनुसार समय पर बैंक में जमा कराया जाता है। अग्रिम आयकर एवं धनकर जमा कराया जाता है। आयकर की विवरणी दाखिल की जाती है एवं कर निर्धारण हेतु आवश्यक कार्यवाही की जाती है।

(स) वेस्ट पेपर (रद्दी कागज) की बिक्री पर वसूल किए गए बिक्रीकर को जमा कराया जाता है एवं त्रैमासिक विवरण बिक्रीकर विभाग को भेजा जाता है एवं कर निर्धारण कराया जाता है।

7.5 बड़े समाचार-पत्रों में अंकेक्षण की भी वैधानिक आवश्यकता होती है। इसके लिए संस्था किसी अधिकृत चार्टर्ड अकाउंटेन्ट को नियुक्त करती है। चार्टर्ड अकाउंटेन्ट द्वारा प्रमाणित करने के बाद ही लेखों को विभिन्न विभागों में भेजा जा सकता है। जो समाचार-पत्र ऑडिट ब्यूरो ऑफ सर्कुलेशन (ए.बी.सी.) के सदस्य होते हैं, उनके यहाँ समय-समय पर ए.बी.सी. द्वारा निर्धारित अंकेक्षक लेखों की जाँच करते रहते हैं। भारत में समाचार-पत्रों के पंजीयक कार्यालय (आर.एन.आई.) तथा राज्य सरकार के सूचना एवं जनसम्पर्क निदेशालय से भी निरीक्षकों के दल आते हैं, जिन्हें अपने लेखों से सन्तुष्ट करना संवैधानिक दृष्टि से लेखा विभाग का

उत्तरदायित्व है।

7.6 लेखा विभाग का ही एक महत्त्वपूर्ण कार्य यह भी है कि वह अपनी संस्था के निर्धारित बैंक से सम्बन्धित सभी कार्य समय पर पूर्ण करे और सूचनाएँ सही समय पर उपलब्ध कराए। किसी भी समाचार-पत्र के लिए सबसे अच्छा तरीका यह होगा कि वह अपनी प्रतिदिन की बिक्री की पूर्ण राशि प्रतिदिन ही बैंक में जमा कराए एवं अपने खर्चे के लिए अलग से राशि बैंक से निकाले।

बैंक या अन्य वित्तीय संस्थाओं से ऋण प्राप्त करने के लिए आवश्यक सभी सूचनाओं की तैयारी एवं ऋण प्राप्त करने के बाद समय पर उसके भुगतान की व्यवस्था करना तथा विभिन्न व्यक्तियों एवं संस्थाओं से व्यापारिक अनुबन्ध करने आदि का कार्य लेखा शाखा द्वारा ही किया जाता है।

बैंक को हर माह भंडार विवरण, देनदारियों का विवरण एवं अन्य निर्धारित प्रपत्रों में जानकारी समय-समय पर भेजी जाती है। प्रतिवर्ष बैंक की साख सीमा (Limit) के लिए लेखा विभाग प्रस्ताव तैयार करता है। बैंक से प्राप्त खातों का प्रत्येक माह मिलान किया जाता है। यदि कोई त्रुटि पाई जाती है, तो उसके लिए पत्र व्यवहार किया जाता है।

7.7 समाचार-पत्र उद्योग के साथ एक विषमता यह विद्यमान है कि जहाँ आवश्यकता पड़ती है समाचार-पत्र को उद्योग की श्रेणी में मान लिया जाता है और जहाँ आवश्यकता पड़ती है उसे इस श्रेणी से बाहर कर दिया जाता है।

ऐसी ही विडम्बना अखबारी कागज के बारे में भी है। अखबारी कागज का उत्पादन सरकार क्षेत्र में होता है। इसका आवंटन भारत में समाचार-पत्रों के पंजीयक द्वारा किया जाता है और सरकारी क्षेत्र का ही राज्य व्यापार निगम समाचार-पत्रों को आयातित कागज बेचता है। सरकारी विज्ञापनों की दरें भी सरकार ही तय करती है तथा यह भी कि किस समाचार-पत्र को कितना विज्ञापन जारी करना है।

यहाँ यह उल्लेख करना अन्यथा न होगा कि किसी भी अखबार की उत्पादन सामग्री का सबसे बड़ा (लगभग 60 प्रतिशत) अंश अखबारी कागज का ही होता है। अखबारी कागज क्रय करने सम्बन्धी सभी कार्यवाही लेखा विभाग के ही अन्तर्गत आती है। समाचार-पत्रों के पंजीयक द्वारा समाचार-पत्रों के लिए अखबारी कागज का तिमाही कोटा निश्चित किया जाता है। उस कागज को मँगाने एवं उपभोग करने के बाद ही अगला तिमाही कोटा जारी हो सकता है। इन

आवंटन-पत्रों को राज्य व्यापार निगम या उस मिल को भेजना होता है जिसके नाम यह जारी किया जाता है। जब भी प्रसार संख्या में वृद्धि के कारण यह कागज कम पड़ जाता है तब खुले बाजार से कागज खरीदा जा सकता है।

कागज के लिए भुगतान अग्रिम भेजना होता है अथवा बैंक साख-पत्र के आधार पर रेल या सड़क यातायात से माल मँगाने की कार्यवाही की जा सकती है। औसतन एक-डेढ़ माह का अग्रिम स्टॉक रखना उचित होता है, किन्तु वर्षा ऋतु में यह स्टॉक तीन माह से अधिक का होना प्रकाशन की निरन्तरता के लिए आवश्यक है।

7.8 जिस समाचार-पत्र के एक से अधिक प्रकाशन केन्द्र होते हैं वहाँ शाखाओं को समय-समय पर जो सामान भेजा जाता है तथा शाखाओं से जो सामान मुख्य केन्द्र पर आता है उसके नाम/जमा पत्र भेजे जाते हैं। इसी प्रकार मुख्य केन्द्र से सम्बन्धित भुगतान शाखाओं में तथा शाखाओं से सम्बन्धित भुगतान मुख्य केन्द्र में प्राप्त होने पर भी नाम/जमा पत्र भेजे जाते हें। शाखाओं का भुगतान मुख्य केन्द्र द्वारा किए जाने पर शाखाओं को नाम पत्र भेजे जाते हैं। इस सबका समायोजन शाखाओं से प्राप्त ड्राफ्ट में मुख्य केन्द्र द्वारा कर लिया जाता है।

मुख्य केन्द्र के लेखा विभाग द्वारा प्रत्येक माह शाखाओं से प्राप्त तलपट, मुख्य केन्द्र के खातों की कॉपी, समाचार-पत्र विक्रेता, कन्ट्रोल खाते, विज्ञापनदाताओं के कन्ट्रोल खाते आदि की जाँच की जाती है।

अन्य कार्यों में अखबार में प्रकाशित लेख, फोटो आदि का भुगतान सम्बन्धित विभाग से प्राप्त विवरण के अनुसार लेखा विभाग द्वारा समय-समय पर किया जाता है।

प्रकाशन केन्द्र से बाहर नियुक्त संवाददाताओं को उनके द्वारा भेजे गए समाचारों के अनुसार भुगतान किया जाता है, जिसका विवरण सम्पादकीय विभाग द्वारा हर माह लेखा विभाग को भेज दिया जाता है।

8

लागत नियन्त्रण

(Cost Control)

8.1. लागत के नियन्त्रण का अर्थ है कि संस्थान द्वारा निर्धारित शुद्ध लाभ का लक्ष्य पूर्ण हो सके। यह इसलिए आवश्यक माना जाता है कि एक ओर तो अनावश्यक खर्च नहीं होगा और दूसरी ओर उत्पाद का विक्रय मूल्य तय करने में सुविधा होगी। व्यवस्था की दृष्टि से पूँजी का नियोजन और उसकी विकास दर को सुनिश्चित किया जा सकेगा। इसी प्रकार विपणन कार्यों के लिए उपलब्ध राशि का अनुमान भी आसानी से हो सकेगा।

किसी भी व्यवसाय में लागत की दो मुख्य श्रेणियाँ होती हैं—प्रत्यक्ष और अप्रत्यक्ष। इनमें भी कुछ तो स्थायी होती हैं और कुछ अस्थायी। कुछ ऐसी जो कार्य के साथ घटती-बढ़ती रहती हैं।

स्थायी लागत में आमतौर पर व्यवस्था एवं प्रशासकीय खर्च, मजदूरी, कच्चा

खर्च

प्रत्यक्ष

निश्चित	अनिश्चित	कम/ज्यादा
—कच्चा माल (कागज, स्याही)	—विपणन	—प्रचार प्रचार सामग्री
—वैतनिक मजदूर पैकिंग	—कार्यालय और प्रशासनिक उपव्यय	—क्षेत्र कर्मचारी
—वाहन खर्च	—डिजाइन और ड्राइंग आदि	—उपकरण-किराया
—टेलीप्रिन्टर्स		—विभिन्न कर

अप्रत्यक्ष

निश्चित	अनिश्चित	कम/ज्यादा
—भंडारण खर्च	—डाक खर्च	—समारोह
—सुरक्षा व्यवस्था	—लेखन सामग्री	—माल गोदाम (अस्थायी)
—भवन किराया	—वाहन खर्च	—कानूनी शुल्क
—ह्रास	—टेलीफोन	
	—माल भाड़ा आदि	

माल आदि आते हैं। अस्थायी खर्च कई प्रकार के होते हैं, जिनमें फैक्ट्री और कार्यालय, बिक्री विपणन आदि के कई तरह के उपव्यय सम्मिलित होते हैं।

सबसे बिखराववाली लागत आमतौर पर मजदूरी की होती है, अतः इस कार्य सम्बन्धी पूर्ण जानकारी रखना अच्छे नियन्त्रण का सूचक है। इससे जहाँ मजदूरी पर खर्च होनेवाली राशि की सही जानकारी उपलब्ध हो सकती है वहीं मजदूरी का यथा समय भुगतान एवं वैधानिक सूचनाओं का समय पर सम्प्रेषण भी सम्भव हो जाता है।

मशीन और उपकरणों की कार्य सम्बन्धी लागत का विस्तृत व्यवस्थित विवरण कम महत्त्वपूर्ण नहीं है। इसमें नियोजित पूँजी पर लगनेवाला ब्याज, ह्रास (DEPRECIATION), बीमा, मरम्मत, रखरखाव तथा बिजली व बिजली के अन्य सहायक उपकरणों का खर्च शामिल होता है। इसमें मशीन रूम का क्षेत्र एवं मशीन के अनुपयोगी समय की लागत (COST OF IDLE HOURS) भी शामिल की जानी चाहिए। इस सबके आधार पर ही यह सुनिश्चित किया जा सकता है कि समाचार-पत्र की एक प्रति की सही-सही उत्पादन लागत क्या है।

9

वित्तीय प्रबन्धन
(Financial Management)

9.1. वित्तीय प्रबन्धन से अभिप्राय है वित्तीय संसाधनों को आवश्यकता के अनुरूप उपलब्ध कराना अथवा वित्तीय संसाधनों को इस प्रकार नियोजित करना कि जब-जब आय में टूट हो, तब-तब व्यय की नियमित स्थिति बनी रहे। वैसे तो अग्रिम वित्तीय योजनाओं का अभिप्राय भी यही है। समाचार-पत्रों में अलग-अलग तरीकों से कुछ संसाधन ऐसे काल के लिए आरक्षित किए जाते हैं।

वैसे वित्तीय योजनाओं का मूल आधार संस्था की संरचना होता है, कि संस्था के स्वामित्व का स्वरूप कैसा है। क्या संस्थान एकल स्वामित्व के रूप में है, साझेदारी फर्म के रूप में है या किसी कम्पनी के रूप में ? हर स्वरूप की अपनी कुछ वैधानिक स्वतन्त्रताएँ होती हैं तो सीमाएँ भी।

9.2. किसी भी समाचार-पत्र संस्थान में पूँजी नियोजन और प्रबन्धन के लिए

कुछ मूलभूत सूचनाएँ विभिन्न विभागों से एकत्रित करनी होती हैं, जैसे—

(अ) **वितरण विभाग से—**समाचार-पत्र विक्रय से आय, विकास की दर, कुल पृष्ठों की संख्या, विशेषांकों एवं परिशिष्टों का विवरण, विक्रेताओं को देय कमीशन, प्रतियोगी समाचार-पत्र के बारे में जानकारी आदि से सम्बन्धित सूचनाएँ। इन सूचनाओं को आगामी वर्ष की योजनाओं के लिए भी उतना ही महत्त्वपूर्ण माना जाता है। उदाहरण के लिए, क्या कोई नया संस्करण खोलने की योजना है ? क्या पृष्ठों में वृद्धि कर रहे हैं ? क्या कुछ विशेष प्रचार-प्रसार शुरू करने जा रहे हैं ? आनेवाले वर्ष में विक्रय क्षेत्र में बड़े आयोजनों की सूची, बड़ी योजनाओं पर दृष्टिपात जैसे प्रश्न भी विचारणीय होते हैं। विक्रय के लिए विशेष अभियान सम्बन्धी सूचनाएँ और उन पर सम्भावित खर्चे का विस्तृत ब्यौरा भी इस दृष्टि से महत्त्वपूर्ण है।

(ब) **विज्ञापन विभाग से—**विज्ञापनों से हुई आय, उनकी विकास दर तथा विज्ञापन विशेषांकों का ब्यौरा। अपने विभिन्न कार्यालयों तथा विज्ञापन प्रतिनिधियों के कार्यों का आकलन। यदि हाल ही में कोई प्राकृतिक विपदा, जैसे—अकाल, बाढ़, तूफान या भूकम्प की स्थिति हुई हो, तो उन परिस्थितियों का आकलन आगामी वर्ष के लिए निश्चित विज्ञापन विशेषांक, उदाहरण के लिए, आपके शहर की वर्षगाँठ, विशेष समारोह आदि पर आधारित विशेषांक। क्या आप कोई नया विज्ञापन कार्यालय खोलने जा रहे हैं ? विज्ञापन बढ़ाने के लिए यदि कोई विशेष योजना हो तो उसका पूरा विवरण।

(स) **लेखा विभाग से—**वेतन और मजदूरी पर वार्षिक वृद्धि का ब्यौरा। नवीनतम तलपट, बैलेन्स शीट, अखबारी कागज का क्रय मूल्य। बैकों एवं अन्य वित्तीय संस्थाओं से प्राप्त ऋण की भुगतान किश्तों का विवरण। आयकर, सम्पत्तिकर एवं विभिन्न योजनाओं में देय राशि का ब्यौरा। लेनदारों और देनदारों की विस्तृत सूचनाएँ। खुले बाजार से खरीदे गए अखबारी कागज तथा लिये गए ऋण की जानकारी। चल सम्पत्ति का ब्यौरा। विभिन्न मशीनों/उपकरणों के कार्यकाल सम्बन्धी जानकारी एवं उन पर उपलब्ध ह्रास, तथा यह जानकारी कि अगले वर्ष के लिए कितनी राशि हमारे पास विकास के लिए उपलब्ध है।

(द) **अन्य विभागों से—**भंडारण विभाग से वार्षिक भौतिक सत्यापन की रिपोर्ट। आग, दुर्घटना, टूट-फूट एवं समय के साथ अनुपयोगी सामान की जानकारी।

परिवहन विभाग से विभिन्न वाहनों की कार्यावधि व उनके रख-रखाव सम्बन्धी जानकारियाँ।

प्रबन्ध विभाग से लागत व अनावश्यक उपभोग (वेस्टेज) नियन्त्रण सम्बन्धी उनका आकलन।

उत्पादन विभाग से मशीनों/उपकरणों के हुए उपयोग, औसत उपयोग तथा टूट-फूट सम्बन्धी तकनीकी रिपोर्ट। तकनीकी जानकारी के अभाव की सूचना तथा प्रशिक्षण की आवश्यकता के प्रस्ताव।

विभिन्न प्रशिक्षण योजनाओं का प्रारूप।

आयकर, सीमा-शुल्क, बिक्रीकर, सम्पत्तिकर, प्रेस पंजीयक, विज्ञापन एवं दृश्य प्रचार निदेशालय (डी.ए.वी.पी.) राज्य सरकार के सूचना एवं जनसम्पर्क निदेशालय आदि सम्बन्धित संस्थाओं के कानूनी प्रावधानों या नीतियों में परिवर्तन, यदि कोई हो।

9.3. उपरोक्त सभी सूचनाओं को आधार मानकर आगामी वर्ष की वित्तीय नीति सम्बन्धी प्रस्ताव वित्त विभाग तैयार करता है। वित्तीय नीति सम्बन्धी प्रस्ताव के कुछ मुख्य मुद्‌दे निम्न प्रकार हैं—

(अ) **नई, मशीन उपकरण सम्बन्धी**—नई मशीन या उपकरण खरीदने का आधार केवल लागत नहीं होना चाहिए बल्कि हमारी आवश्यकता, उपकरण की कार्यक्षमता, गुणवत्ता का स्तर, उस पर उपलब्ध सेवा-सुविधाएँ, अतिरिक्त कलपुर्जों की व्यवस्था आदि सभी बातों को आधार बनाना चाहिए।

(ब) **विक्रय मूल्य निर्धारण**—आमतौर पर इसका आधार लागत एवं माँग तथा शुद्ध निर्धारित लाभ (जो कि किसी भी संस्थान के स्थायित्व एवं विकास की मूल आवश्यकता है) होता है। मूल निर्धारण नीति ही आपकी विपणन नीति तय करती है। विक्रेताओं को कमीशन, उनको दिए जानेवाले उधार की अवधि, प्रतियोगी समाचार-पत्रों की स्थिति अथवा एकछत्र व्यापार क्षेत्र, इस सबको ध्यान में रखते हुए ही न केवल अखबारी लागत को मद्‌देनजर रखते हुए अखबार का बिक्री मूल्य बढ़ाया जाता है बल्कि विज्ञापन की दरें बढ़ानें का निर्णय भी इसी आधार पर होता है।

(स) **भंडार पुनर्मूल्यांकन**—आमतौर पर इसके दो तरीके अपनाए जाते हैं—उत्पादन की लागत के आधार पर तथा वर्षान्त में कुल सामग्री का आकलन करके उत्पादन लागत तय करना।

(द) **बीमा**—संस्थान की विभिन्न सम्पत्तियों—मशीनरी, भवन आदि का अग्नि बीमा तथा मशीनरी का ब्रेकडाउन बीमा भी करवाया जाता है। अखबारी कागज के लिए ट्रान्जिट पॉलिसी ली जाती है। ट्रान्जिट पॉलिसी समय-समय पर आनेवाले अन्य सामानों के लिए भी आवश्यकतानुसार ली जाती है। इसके अतिरिक्त कर्मचारी क्षतिपूर्ति के लिए, तृतीय पक्षकार के दायित्वों के विरुद्ध भी बीमा पॉलिसी ली जाती है।

इसी प्रकार विभिन्न सम्पत्तियों की ह्रास की गणना का तरीका भी वित्त विभाग सुझाता है। ह्रास की गणना उन संसाधनों के सन्दर्भ में होती है जिनका उपयोग कई वर्षों तक होता है, ताकि आप उनके औसत उपभोग की गणना कर सकें तथा जब उनकी अवधि समाप्त हो जाए, तो आपके पास नई सम्पत्ति खरीदने हेतु राशि उपलब्ध हो। चूँकि नए संसाधनों/सम्पत्तियों का मूल्य अधिक होता है, अतः ह्रास (DEPRECIATION) की गणना पुनर्मूल्यांकन एवं प्रतिस्थापन सिद्धान्त के अनुसार की जाती है। यह गणना सीधी रेखा का सिद्धान्त (STRAIGHT LINE METHOD) या घटती दर पद्धति (REDUCING BALANCE) से की जाती है।

सेवा निवृत्ति एवं पेन्शन नीति हेतु संस्था की आर्थिक एवं वित्तीय नीतियों के आधार पर आकलन किया जाता है।

वित्त विभाग द्वारा ये सभी आकलन प्रस्ताव रूप में संस्थान के शीर्ष प्रबन्धक मंडल या प्रबन्धक के पास भेजे जाते हैं।

प्रबन्धकों द्वारा प्रस्ताव अनुमोदित होने के बाद मशीनरी एवं अन्य सम्पत्तियों, जैसे—वाहन, कार्यालय उपकरण, फर्नीचर, भवन आदि क्रय करने की कार्यवाही की जाती है। परियोजनाओं के क्रियान्वयन के लिए वित्त की व्यवस्था की जाती है। छोटी परियोजनाओं के लिए संस्थान की आय में से ही भुगतान करने के प्रयास किए जाते हैं तथा बड़ी योजनाओं के लिए बैंक या अन्य वित्तीय संस्थाओं से सहायता प्राप्त करने के प्रयास किए जाते हैं। निर्माताओं या उनके प्रतिनिधियों को अग्रिम राशि भेजने की व्यवस्था की जाती है। कोई मशीन आयात की जानी है तो बैंक से साख-पत्र जारी कराकर विदेशी निर्माता को भेजा जाता है।

9.4. उपरोक्त सभी जानकारियाँ एवं प्रस्तावों के साथ वित्त विभाग शीर्ष प्रबन्धकों को यह भी प्रस्तावित करता है कि वित्तीय संसाधनों का नियोजन किस प्रकार किया जाना चाहिए।

(अ) संस्था को हो रहे शुद्ध लाभ का पुनर्नियोजन—चूँकि हमारे यहाँ करों

का प्रतिशत बहुत अधिक है, अतः शुद्ध लाभ आमतौर पर बहुत कम होता है। साथ ही सरकार एवं व्यवसायी के बीच एक अविश्वास-सा सदा बना रहता है।

(ब) अचल सम्पत्तियों के अनुपात में चल सम्पत्तियों का उपयोग, वार्षिक लेनदेन के अनुपात में कुल लेनदारियों और कुल देनदारियों की संख्या एवं पूँजी की गतिशीलता (RAPID MOVEMENT OF CAPITAL)।

(स) बैंक व अन्य वित्तीय संस्थाओं से अल्पकालीन एवं दीर्घकालीन ऋण।

(द) खुले बाजार से ऋण, तथा

(य) किसी बड़ी एवं वित्तीय रूप से सुदृढ़ संस्था के साथ विलय (MERGER)।

9.5. जितना महत्त्व समाचार-पत्र में प्रकाशित समाचारों का है उसके बराबर का महत्त्व है समाचार-पत्र संस्थान की व्यापारिक साख का। इसके बिना आवश्यकता पड़ने पर बाजार से एक रुपया भी उधार नहीं मिल सकता।

समाचार-पत्र संस्थान को अपने दायित्वों का भुगतान नियत तिथि पर करने के लिए किसी भी सीमा तक जाना पड़े, जाना चाहिए चाहे अपनी स्थायी सम्पत्तियों को बेचना पड़े। अब तक का अनुभव यह बताता है कि इस प्रकार की गई साधना कभी व्यर्थ नहीं जाती।

10

चुनौतियाँ (CHALLENGES)

10.1. देश के विगत वर्षों में समाचार-पत्रों के क्षेत्र में एक बहुत बड़ा परिवर्तन आया है। समय के साथ-साथ प्रान्तीय भाषाओं में क्षेत्रीय समाचार-पत्रों का तेजी से विकास हुआ है और हो रहा है। राष्ट्रीय कहलानेवाले समाचार-पत्र भी धीरे-धीरे प्रान्तों की राजधानियों में पहुँच रहे हैं। उनके सामने भी अस्तित्व का संकट आ पहुँचा है। अंग्रेजी के समाचार-पत्रों का तो भविष्य लगभग तय-सा हो गया है कि उनका अब और विकास सम्भव नहीं है।

प्रान्तीय या क्षेत्रीय समाचार-पत्रों में भी आज किसी तरह की कसर बाकी नहीं है, चाहे समाचार की बात हो या तकनीक की। कई समाचार-पत्र तो तकनीकी दृष्टि से कई राष्ट्रीय समाचार-पत्रों से भी आगे निकल गए हैं। उनका संवाददाताओं का जाल बड़ा विस्तृत बना हुआ है, क्षेत्रीय समस्याओं से वे अधिक

वाकिफ और उनके प्रति अधिक जागरूक हैं। यही कारण है कि इलक्ट्रॉनिक मीडिया की धूम का इन बड़े क्षेत्रीय समाचार-पत्रों पर कोई विशेष प्रभाव नहीं पड़ा। वैसे संचार माध्यमों में आए इस परिवर्तन से लगता है कि युग ही बदल गया। समाचार-पत्रों में इलेक्ट्रॉनिक मीडिया के तूफान को झेलने की क्षमता पैदा करनी पड़ेगी। इसके बिना भविष्य उज्ज्वल नहीं है।

10.2. इसका दूसरा पहलू है विज्ञापन। इसी पर समाचार-पत्रों की सफलता टिकी होती है। इलेक्ट्रॉनिक मीडिया ने इस पर बड़ा आघात किया है। लगभग सभी राष्ट्रीय स्तर के विज्ञापनों की धारा टी.वी. की ओर मुड़ गई है। कुछ ही समय में टेलीविजन के विज्ञापन 100 करोड़ रुपए का लक्ष्य पार कर गए।

अभी क्या हुआ है ? अभी तो शुरुआत है। अब केवल टेलीविजन का आना शुरू हुआ है, तो हर शहर की अपनी विज्ञापन सेवा भी शुरू हो जाएगी। फिर इसके बाद जमाना होगा डी.बी.एस. सिस्टम का। इससे आप विश्व के लगभग सभी केन्द्रों के प्रसारण को देख सकेंगे।

रेडियो प्रतिदिन लगभग 23 घंटे चल ही रहा है, कभी भी 24 घंटे हो सकता है। इसमें भी विज्ञापन सेवा की विकास दर ठीक चल रही है। स्थानीय केन्द्रों के कम खर्चीला होने के कारण प्रचलन और बढ़ेगा। शिक्षा की अड़चन भी इस रास्ते में नहीं आती।

प्रश्न यह उठता है कि समाचार-पत्रों का भविष्य इन हालात में क्या होगा ? लगता है आज की स्थिति नहीं रह सकेगी। कल ये टी.वी. पूरक बनकर रह जाएँगे।

10.3. आज समाचार-पत्रों पर सरकार की भी दुहरी मार पड़ रही है। सरकार परोक्ष रूप से समाचार-पत्रों पर कई प्रकार के अंकुश लगा रही है। कागज के भाव निरन्तर बढ़ाए जा रहे हैं। अखबारी कागज के कोटे पर और उसके विक्रय पर कई तरह के नियन्त्रण लगाए जा रहे हैं। एक ओर जहाँ विभिन्न उद्योगों को देश में कई तरह की रियायतें दी जा रही हैं, समाचार-पत्रों को उद्योगों की श्रेणी में शामिल नहीं किया गया है। आयात नीति के परिवर्तनों का लाभ भी समाचार-पत्रों को अभी नहीं मिल रहा। सरकार के विज्ञापनों पर भी तरह-तरह के अंकुश हैं और बढ़ते जा रहे हैं।

10.4. पत्रकारों और समाचार-पत्रों के दूसरे कर्मचारियों के लिए सरकार समय-समय पर वेतन मंडलों की नियुक्ति करती है और उनके वेतन-भत्ते कानून

द्वारा निर्धारित कर दिए जाते हैं। कमजोर-माली हालतवाले अखबार यह भार वहन नहीं कर पाते तथा प्रबन्ध और कर्मचारी वर्ग के बीच आपसी सौदेबाजी से वेतन निर्धारित करने की प्रक्रिया समाप्त हो जाती है। इसका परिणाम यह होता है कि कई बार अधिक योग्य कर्मचारी को भी बेहतर वेतन नहीं मिल पाता, उसे केवल कानून सम्मत वेतन-भत्ते ही मिल पाते हैं, और कम योग्यतावाले कर्मचारी भी बेहतर वेतन हासिल कर लेते हैं। इसके कारण अनुशासन में कमी आती है और योग्य कर्मचारियों की काम की प्रेरणा क्षीण हो जाती है। राज्य और केन्द्र सरकारें भी पत्रकारों को विशेष सुविधाएँ देती हैं, जिससे एक ओर जहाँ समाचार-पत्रों के विभिन्न श्रेणियों के कर्मचारियों के बीच विषमता पैदा होती है, वहीं दूसरी ओर समाचार-पत्र के प्रबन्धकों की पकड़ भी कर्मचारी वर्ग पर ढीली पड़ जाती है।

पत्रकारों को जो सुविधाएँ प्राप्त होती हैं वैसी सुविधाएँ किसी भी अन्य उद्योग के कर्मचारी को नहीं मिलतीं। इन दुहरे मापदंडों के कारण पत्रकारों और नियोजकों के बीच खाई चौड़ी होने लगी है और उन्हें अपने लक्ष्य परस्पर विपरीत दिखाई देने लगे हैं। पिछले दशकों में समाचार-पत्र कर्मचारियों और पत्रकारों के कई संघ और संगठन भी उभरे हैं। सरकार आमतौर पर इनकी माँगों को हवा देने का ही काम करती है। ऐसी हालत में समाचार-पत्रों के प्रबन्धक अजीब-सी दुविधा में पड़ गए हैं। समाचार-पत्र प्रकाशन का उनका जो भी लक्ष्य रहा हो, व्यवसाय की दृष्टि से कर्मचारियों पर उनकी पकड़ परोक्ष रूप से कमजोर पड़ती जा रही है।

10.5. पत्रकारों के प्रशिक्षण और देश की आवश्यकताओं के अनुरूप उनकी दृष्टि का विकास भी एक समस्या है। पत्रकार बनने के लिए जो युवक आते हैं वे जिस शिक्षा पद्धति से निकले हैं उससे उनकी आत्मा विदेशी हो जाती है और वे अपने देश की जड़ों से कट जाते हैं। आज का पत्रकार शिक्षा-पद्धति और विशेष सुविधाओं के कारण आम जनता के दुःख-दर्द से भी कट गया है। गाँवों की धूल और धूप को झेलने के लिए तैयार नहीं हैं। उसके और प्रबन्ध के बीच एक हल्की-सी सीमा रेखा बन गई है। यही कारण है कि जनजीवन की झाँकी अधिकांश समाचार-पत्रों में दिखाई ही नहीं पड़ती। देश के तथाकथित बड़े समाचार-पत्रों और विदेशी समाचार-पत्रों में कोई अन्तर नहीं रह गया है। शायद इसीलिए उनका विकास और विस्तार अवरुद्ध होकर रह गया है।

इसका परिणाम है पत्रकारों में दृष्टि का अभाव। पत्रकारिता के लिए विशेष प्रकार की दृष्टि चाहिए। उसका वैचारिक धरातल आम नागरिक से भिन्न होना

चाहिए। अन्यथा वह समाचार-पत्र में कार्य करता हुआ भी एक लिपिक की तरह ही होगा।

10.6. प्रबन्धकों तथा पत्रकारों को इस तथ्य को गहराई से समझना होगा कि जिस पाठक के लिए समाचार-पत्र प्रकाशित किया जाता है उस पाठक के जीवन की व्यावहारिकता को नकारा नहीं जा सकता। आपको उसके जीवन मूल्यों, विश्वासों और समाज-व्यवस्था का आदर करना ही पड़ेगा, तभी वह पाठक समाचार-पत्र को स्वीकार करेगा। आप अपने विचार उस पर थोप नही सकेंगे। यदि आप उसके जीवन में कुछ परिवर्तन चाहते भी हैं, तो इसकी बात उसके वैचारिक धरातल पर आकर ही करनी पड़ेगी। प्रबन्धक वर्ग को दिशाहीन तथा पल्लवग्राही कलम से भी सचेत रहना होगा। किसी भी कारण से यदि किसी समाचार-पत्र की विश्वसनीयता में एक बार गिरावट आ जाती है, तो उसमें प्रकाशित विज्ञापनों का प्रभाव भी घट जाता है।

10.7. एक बात और। आज हर व्यवसाय में हर व्यक्ति को उसके अपराध के अनुसार दंड मिलता है, किन्तु किसी भी सरकार द्वारा पत्रकारों को कभी सजा नहीं दी जाती। इसके अपने अर्थ हैं। राजनीतिक कारणों से समाचार-पत्रों के विरुद्ध कई कार्यवाहियाँ की जाती हैं, पत्रकारों के विरुद्ध नहीं।

आज पत्रकार केवल समाचार लानेवाला व्यक्ति ही नहीं, उससे भावी आकलन और समाज को दिशा देने की भी उम्मीद की जाती है। समाचार आज टी.वी. -रेडियो से भी घर बैठे मिल तो जाते ही हैं।

10.8. लोकतन्त्र का चौथा स्तम्भ माने जानेवाले समाचार-पत्र उद्योग पर आज कई तरह के खतरे मँडरा रहे हैं। समाचार-पत्रों पर सामाजिक दबाव भी बढ़ रहे हैं। राजनीतिक और सामाजिक असहिष्णुता के कारण समाचार-पत्रों को आए दिन विषम परिस्थितियों का मुकाबला करना पड़ता है। असहिष्णुता की इस बढ़ती प्रवृत्ति के कारण संविधान में प्रदत्त अभिव्यक्ति की स्वतन्त्रता का तो जैसे कोई अर्थ ही नहीं रह गया है।

आतंकवादी प्रवृत्तियों के विस्तार के कारण भी समाचार-पत्रों के विकास और विस्तार में तो बाधा आई ही है, उनके स्तर में भी गिरावट आई है। पंजाब में प्रसारित समाचार-पत्रों को तो उसी भाषा और शैली में लिखना पड़ता है जैसा आतंकवादी चाहते हैं। तथ्यों की पवित्रता को भी आतंकवादियों ने नष्ट कर दिया है। आतंककारियों ने कई पत्र मालिकों और पत्रकारों को अपनी बन्दूक का

निशाना बना दिया है।

देश में बढ़ती हुई साम्प्रदायिकता के कारण आए दिन देश के विभिन्न भागों में हिंसा भड़क उठती है। आवागमन में बाधा पड़ती है और समाचार-पत्रों के प्रचार-प्रसार पर भी इसका व्यापक असर पैदा होता है। इन सब कारणों से कर्मचारियों की सुरक्षा के विशेष प्रबन्ध करने का दायित्व भी समाचार-पत्रों के प्रबन्धकों पर आ गया है।

11

पुस्तकालय
(LIBRARY)

11.1. पुस्तकालय किसी भी समाचार-पत्र संस्थान का एक आवश्यक अंग है। अच्छा तो यह होता है कि संस्थान की शुरुआत के साथ ही पुस्तकालय की शुरुआत भी हो जाए। इससे न केवल समाचार-पत्र की सभी प्रतियाँ सुरक्षित रह सकती हैं, अपितु पहले ही दिन से समाचार-पत्र में प्रकाशित सामग्री का वर्गीकरण भी हो सकेगा।

यह आवश्यक नहीं है कि पुस्तकालय बड़ा ही हो, बल्कि यह आवश्यक है कि इस पुस्तकालय में अपने क्षेत्र में प्रकाशित होनेवाले सभी समाचार-पत्रों की प्रतियाँ उपलब्ध हों, बाहर से आनेवाले प्रमुख समाचार-पत्र व पत्रिकाएँ, पत्रकारिता, मुद्रण, प्रबन्धन से सम्बन्धित सभी वैधानिक एवं संवैधानिक जानकारियों की उपलब्धता हो। प्रेस कमीशन, प्रेस पंजीयक, विज्ञापन एवं दृश्य प्रचार निदेशालय,

राज्य सूचना एवं जनसम्पर्क निदेशालय, पत्र सूचना कार्यालय जैसी संस्थाओं का पूरा साहित्य भी पुस्तकालय में होना आवश्यक है। इसके अतिरिक्त अपने क्षेत्र का इतिहास, वहाँ के जनजीवन के सम्बन्ध में लेख एवं पुस्तकें भी समाचार-पत्र पुस्तकालय के लिए महत्त्वपूर्ण हैं। आज तो दृश्य एवं श्रव्य माध्यम भी इतना प्रचलित हो गया है कि इसका उपयोग सार्थक तरीके से किया जा सकता है। महत्त्वपूर्ण व्यक्तियों के वक्तव्य, कार्यशालाओं की जानकारी एवं बड़े समारोहों से सम्बन्धित सामग्री अपने कर्मचारियों को उपलब्ध कराई जा सकती है।

पत्रकारिता एवं सम्पादकीय विभाग के सम्बन्ध में अनेक देशी एवं विदेशी पुस्तकें उपलब्ध हैं। इनमें से कुछ चयनित पुस्तकों का पुस्तकालय में होना समाचार-पत्र संस्थान के लिए वरदान ही साबित होगा। इसी प्रकार प्रबन्ध, विपणन एवं मुद्रण की तकनीकी पर उपलब्ध पुस्तकें भी पुस्तकालय में रखी जानी चाहिए।

सभी प्रमुख राष्ट्रीय एवं सम्बन्धित राज्य के प्रमुख राजनीतिक दलों के बारे में भी विस्तृत जानकारी पुस्तकालय के लिए उपयोगी होगी।

पुस्तकों की ही श्रेणी में एक सन्दर्भ श्रेणी का होना कम महत्त्वपूर्ण नहीं होता। इसमें आमतौर पर वे पुस्तकें होती हैं जिन्हें पुस्तकालय के बाहर ले जाने की छूट नहीं होती। इसमें विशेष नक्शे, एटलस, शब्दकोश एवं कुछ अमूल्य पुस्तकें शामिल होती हैं। इनमें कुछ पुस्तकें ऐसी भी हो सकती हैं जो या तो आसानी से उपलब्ध न हों या बहुत महँगी हों।

समाचार-पत्र पुस्तकालय की एक विशेषता यह होती है कि वह अपने तथा अन्य सभी दैनिक समाचार-पत्रों में प्रकाशित समाचारों को श्रेणीबद्ध तरीके से फाइल करता है। कई बड़े विषयों पर तो पुस्तकालय में दीर्घकालीन फाइलें खुली रहती हैं। समाचारों के साथ-साथ समाचार चित्रों, व्यक्तिगत पोर्टेट्स, विभिन्न ग्राफ, नक्शे एवं कार्टून चित्रों की इसी प्रकार फाइलें बनी होती हैं। ये सभी फाइलें आवश्यकता पड़ने पर एक बहुत अच्छे सन्दर्भ का कार्य देती हैं।

पुस्तकालय का एक न्यूनतम वार्षिक बजट होना चाहिए। इसी से शनैः-शनैः एक पुस्तकालय विकास करता है और समृद्ध होता है।

व्यवस्था की दृष्टि से पुस्तकालय व्यवस्थित हो, हवा और रोशनी प्रचुर मात्रा में उपलब्ध हो तथा साथ ही साथ वातावरण भी शान्त रहे। पुस्तकों की सुरक्षा के लिए विभिन्न प्रकारों की दवाओं का छिड़काव आवश्यक है। पुस्तकालय-कक्ष में

सीलन नहीं होनी चाहिए।

यह उपयुक्त होगा कि समाचार-पत्र की सभी प्रतियों की क्रमवार माइक्रो फिल्म बन जाए। इसके दो प्रत्यक्ष लाभ हैं—सन्दर्भ के लिए आपको फाइलों में नहीं जाना पड़ेगा तथा बाढ़, अग्नि जैसी दुर्घटनाओं/विपदाओं में भी सामग्री सुरक्षित रह पाएगी क्योंकि इसकी एक प्रति किसी अन्य स्थान पर भी रखी जा सकती है।

पुस्तकों के क्रय के लिए एक छोटी समिति गठित की जा सकती है, जिसमें सम्पादक, मुद्रण व्यवस्थापक, वरिष्ठ वित्त प्रबन्धक जैसे 3-4 व्यक्ति सदस्य हो सकते हैं।

11.2. समाचार-पत्र कार्यालय में चूँकि कई तरह की सामग्री अनचाहे रूप से भी आती रहती है, जैसे—विदेशी दूतावासों की प्रचार सामग्री, अनेक समाचार-पत्रों की प्रतियाँ तथा समीक्षा प्रकाशनार्थ पुस्तकें इत्यादि। अतः यह आवश्यक है कि इनकी नियमित रूप से छँटनी की जाए। वर्ष में कम-से-कम एक बार पुस्तकालय का भौतिक सत्यापन होना भी आवश्यक है।

अन्त में एक नियम संस्था में यह अवश्य होना चाहिए कि कोई भी कर्मचारी जब संस्थान छोड़ता है, तो वह पुस्तकालय से अदेयता प्रमाण-पत्र ले।

12

समाचार-पत्र प्रकाशन की शुरुआत
(Commencing A Newspaper Publication)

12.1. समाचार-पत्र का प्रकाशन आरम्भ करने के लिए सर्वप्रथम उसके स्वामित्व के स्वरूप को निर्धारित करना होता है। स्वामित्व के तीन प्रकार हैं—एकल स्वामित्व, साझेदारी फर्म और कम्पनी।

साझेदारी फर्म में कम से कम दो तथा अधिकतम 20 साझेदार हो सकते हैं। साझेदारों को फर्म बनाने के लिए एक अनुबन्ध-पत्र लिखना होता है। अनुबन्ध-पत्र एवं अन्य कानूनी आवश्यकताएँ पूरी करने के बाद रजिस्ट्रार ऑफ फर्म्स (Registrar of Firms) उसका साझेदारी फर्म के रूप में पंजीयन कर लेता है।

अगर स्वामित्व का स्वरूप कम्पनी का है तो कम्पनी अधिनियम, 1956 के प्रावधानों के अनुसार कम्पनी पंजीयक को आवेदन करना होता है। कम्पनी दो

प्रकार की होती हैं—प्राइवेट लिमिटेड और पब्लिक लिमिटेड।

प्राइवेट लिमिटेड कम्पनी में कम से कम 2 तथा अधिकतम 50 सदस्य हो सकते हैं, जबकि पब्लिक लिमिटेड कम्पनी में कम से कम सात सदस्यों का होना आवश्यक है। कम्पनी के पंजीयन के लिए कम्पनी पार्षद् सीमा नियम एवं अन्तर्नियमन बनाने पड़ते हैं, जिनके आधार पर कम्पनी का पंजीयन किया जाता है।

कम्पनी के दैनिक कार्यों के संचालन हेतु एक संचालक मंडल का गठन किया जाता है, जिसकी समय-समय पर सभा होती है जिसमें विविध कार्यों के लिए निर्णय लिए जाते हैं। कम्पनी के अंशधारियों की कम-से-कम वर्ष में एक बार साधारण सभा करनी होती है। अगर कोई विशेष विषय हो तो असाधारण सभा भी बुलाई जा सकती है।

12.2. **संगठन की बनावट**—किसी भी संस्थान को आरम्भ में ही यह तय करना भी आवश्यक है कि प्रशासनिक दृष्टि से संस्थान का ढाँचा कैसा होगा। आमतौर पर सीधी लाइनवाले ढाँचे (Straight Line Organisation) की उपयोगिता सेना के बाहर स्वीकार्य नहीं है, अतः व्यावहारिक दृष्टि से 'लाइन एंड स्टाफ आर्गेनाइजेशन' (Line and Staff Organisation) का ढाँचा ही उपयुक्त माना जाता है। इसमें शीर्ष प्रशासकों को अनेक विशेषज्ञों के माध्यम से सहायता देकर उनका भार हल्का कर दिया जाता है। ये सभी विशेषज्ञ समानान्तर (HORIZONTAL) आधार पर कार्य करते हैं। अन्तर केवल यह होता है कि इन विशेषज्ञों के पास प्रशासनिक अधिकार सामान्यतः नहीं होते। वैसे किसी भी ढाँचे को तय करने के चार मुख्य कारण होते हैं—कार्य, कर्मचारी, संस्थान का ढाँचा और कार्य स्थान।

(अ) कार्य—कार्य को आमतौर पर दो भागों में विभक्त किया जा सकता है—उत्पादन से जुड़ा हुआ (OPERATING) और प्रबन्धकीय (MANAGERIAL) संस्थान के पूरे कार्य को श्रेणीबद्ध कर विभिन्न विभागों में बाँट दिया जाता है।

(ब) कर्मचारी—कार्य के अनुरूप कर्मचारियों का चयन होता है। उन्हें आवश्यक प्रशिक्षण दिया जाता है ताकि वे जिम्मेदारीपूर्वक एवं कुशलतापूर्वक अपने कार्यों को पूरा कर सकें। कर्मचारियों के कार्य के आकलन के साथ-साथ उनके साथ व्यक्तिगत व्यवहार कुशल बनाए रखना भी बहुत महत्त्वपूर्ण है।

(स) संस्थान का ढाँचा—विभिन्न विभागों को किस तरह सन्तुलित रखा जाए ताकि हर एक विभाग का महत्त्व भी बना रहे, प्रत्येक अधिकारी का प्रभाव क्षेत्र

व्यापक और निश्चित हो, भविष्य में परिवर्तन की गुंजाइश हो और आयोजन और नियन्त्रण के साथ इस ढाँचे का समन्वय भी बना रह सके।

(द) कार्य स्थान—स्थान का चुनाव इस तरह से हो कि सभी आवश्यक सुविधाएँ नजदीक उपलब्ध हो सकें, जैसे—यातायात के साधन, मजदूर, बिजली, पानी, बाजार आदि।

12.3. एक अधिकारी द्वारा कितने व्यक्तियों एवं कितने कार्यक्षेत्र पर प्रभावी नियन्त्रण किया जा सकता है, इसे नियन्त्रण क्षेत्र (Control Area) कहते हैं। यह निर्भर करता है कार्य की प्रकृति, अधिकारी की दक्षता एवं उसका अनुभव, कर्मचारी की दक्षता एवं अनुभव, अधिकारी का प्रशासनिक स्तर तथा कर्मचारियों की संख्या पर। इसके साथ-साथ यह निश्चित करना भी बहुत आवश्यक है कि एक व्यक्ति को कार्य सम्बन्धी निर्देश एक ही अधिकारी से मिलें।

जहाँ विभाग बड़े-बड़े हों, कार्य एक से अधिक पारी में होता हो और कर्मचारियों की संख्या अधिक हो वहाँ दायित्व बाँटने की परम्परा भी है (DECENTRALISATION), लेकिन इससे शीर्षस्थ अधिकारी का दायित्व किसी तरह कम नहीं होता।

12.4. **पूँजी नियोजन**—किसी भी नए व्यवसाय की तरह जब समाचार-पत्र का प्रकाशन आरम्भ किया जाता है, तो पूँजी के नियोजन की आवश्यकता होती है। वैसे तो पूँजी नियोजन का कार्य नियमित रूप से चलता ही रहता है। कार्य के पुनर्गठन, एकीकरण एवं विस्तार के समय लेकिन आरम्भ में पूँजी नियोजन का महत्त्व सर्वाधिक है।

आमतौर पर अचल सम्पत्ति—भूमि, भवन, मशीन उपकरण आदि की लागत एवं कार्यशील पूँजी के आधार पर ही पूँजी का नियोजन किया जाता है। पूँजी का प्रबन्ध आवश्यकतानुसार बैंक या किसी अन्य वित्तीय संस्था की मार्फत आसानी से किया जा सकता है।

12.5. **मशीन/उपकरण का चयन एवं क्रय**—यह सबसे महत्त्वपूर्ण निर्णय इस बात पर निर्भर करता है कि वित्तीय क्षमता क्या है और किस प्रकार का समाचार-पत्र आप प्रकाशित करना चाहते हैं। वह कितने पृष्ठों का होगा, किस प्रकार के मुद्रण यन्त्र की आपकी योजना है। मुद्रण की दृष्टि से निम्न व्यवस्थाएँ सम्भव हैं—

(अ) **लैटर प्रेस ट्रेडल मशीन**—यह सबसे छोटे आकार की एक-एक कागज छापनेवाली मशीन है। इसकी औसत गति एक हजार प्रतियाँ प्रति घंटे से भी कम है। इस मशीन पर एक बहुत ही छोटे आकार का समाचार-पत्र छापा जा सकता है, किन्तु यह आकार दैनिक समाचार-पत्र के लिए उपयुक्त नहीं है।

(ब) **फ्लैट बेड शीट फैड**—इसमें भी एक-एक शीट कागज ही छपता है, लेकिन इसमें कागज का आकार अपेक्षाकृत काफी बड़ा होता है। इसकी गति भी लगभग दो हजार प्रति घंटा होती है। इसमें पूरा पृष्ठ हाथ से कम्पोज करके मशीन के धरातल पर रख दिया जाता है जिसके ऊपर कागज छपता है।

(स) **वैब रोटरी मशीन**—इसमें एक-एक कागज की बजाय पूरी रील एक मशीन पर चढ़ाते हैं और दूसरी ओर पूरा अखबार तैयार निकलता जाता है। इसकी गति पन्द्रह से बीस हजार प्रतियाँ प्रति घंटा होती है।

उपरोक्त तीनों ही प्रकार की मशीनों से मुद्रण करने के लिए प्रकाशन सामग्री को हाथ से कम्पोज करना होता है। हाफ टोन (HALF TONE) के चित्रों तथा ग्राफ जैसी सूचनाओं को छापने के लिए ब्लॉक बनाना पड़ता है। इन ब्लॉक्स की ऊँचाई माउंट के साथ टाइप के आकार की होती है। विज्ञापन भी आमतौर पर या तो हाथ से कम्पोज किए जाते हैं या विज्ञापन एजेन्सियाँ विज्ञापन का तैयार ब्लॉक भेज देती हैं। नहीं तो मैट्रिक्स के रूप में डिजाइन आता है। इस मैट्रिक्स से कार्यालय में ही ब्लाक तैयार कर लिए जाते हैं। वैब रोटरी मशीन के लिए पूरा पृष्ठ तैयार होने के बाद उसका मैट्रिक्स फ्लोंग (FLONG) उठाया जाता है, जिससे तुरन्त शीशे की प्लेट ढाली जाती है। इस प्लेट को मशीन पर चढ़ाकर मुद्रण कार्य किया जाता है। कुछ समाचार-पत्रों में हॉट मैटल लाइन (HOT METAL LINE) मशीनें भी कम्पोज के काम आती हैं। इनमें जैसे-जैसे प्रकाशन सामग्री टाइप की जाती है, उसकी पूरी की पूरी लाइनें तुरन्त ढल-ढलकर बाहर आ जाती हैं। इसमें कम्पोज़िंग की परेशानियाँ तो घट जाती हैं, किन्तु गरम धातु के कारण यह कार्य सुरक्षित नहीं है।

(द) **वैब ऑफसेट मशीन**—यह मुद्रण करनेवाली अत्याधुनिक मशीन है। इस मशीन में जो प्लेट छपाई के काम आती है वह एक रासायनिक प्लेट होती है, अतः इसका पूरा स्वरूप ही भिन्न है। आज लगभग सभी मझले और बड़े समाचार-पत्र या तो ऑफसेट मशीन पर मुद्रण करने लग गए हैं या एक-एक करके करते जा रहे हैं।

इस मशीन के साथ हाथ से कम्पोज़ करने का कार्य मेल नहीं खाता। जहाँ-जहाँ ऑफसेट मशीन लगती है वहाँ-वहाँ हाथ से कम्पोज़िंग के स्थान पर नई कम्प्यूटर प्रणाली युक्त फोटो कॉमसैट (PHOTO SETTING) मशीन लग जाती है। इस मशीन को साधारण टाइपराइटर की तरह काम में लिया जाता है। इसी पर लगे हुए स्क्रीन पर प्रूफ भी पढ़ लिया जाता है। इस तरह कम्पोज़ की हुई सामग्री को एक अन्य मशीन के द्वारा फिल्म या ब्रोमाइड पेपर पर एक्सपोज़ किया जाता है, जिसको डार्क रूप में डेवलप कर सकते हैं। इस पॉजिटिव या ब्रोमाइड से समाचार-पत्र के पृष्ठों का निर्माण किया जाता है। एक अन्य उपकरण के माध्यम से पृष्ठ की इस सामग्री को धातु की उस प्लेट पर उतार देते हैं जिससे कि मुद्रण होता है।

इस प्रकार यदि वैब ऑफसेट मशीन लगाने की सोचते हैं, तो उसके साथ-साथ फोटो कम्पोज़िंग, बड़े कैमरे, प्लेट बनाने की मशीनें आदि अन्य कई उपकरण भी खरीदने होते हैं। इसके लिए दक्ष कर्मचारियों की भी आवश्यकता होती है। अतः यह निर्णय बहुत महत्त्वपूर्ण है कि किस प्रकार की मशीन पर समाचार-पत्र का प्रकाशन/मुद्रण शुरू किया जाए।

12.6. मशीनों एवं उपकरणों के चयन के साथ-साथ यह मुद्दा भी उतना ही महत्त्वपूर्ण है कि इन सब को किस प्रकार से कहाँ-कहाँ स्थापित किया जाए ताकि न कामकाज में किसी प्रकार की रुकावट आए और न आने-जानेवालों को मार्ग में अवरोध उपस्थित हो। इस बात का ध्यान रखना भी आवश्यक है कि किसी भी कार्य के लिए व्यक्तियों और साधनों का कम-से-कम आना-जाना हो। भंडार की दूरी तथा एक ही कार्य के सभी उपकरणों का एक ही स्थान पर होना काफी महत्त्वपूर्ण होगा। अग्निशमन के यन्त्रों का स्थान भी उपकरणों एवं मशीनों के स्थान के अनुरूप तय करने की आवश्यकता है।

12.7. समाचार-पत्र का पंजीयन समाचार-पत्र का प्रकाशन आरम्भ करने से पहले प्रकाशक को जिला न्यायाधीश तथा भारत सरकार के प्रेस पंजीयक से प्रकाशन के शीर्षक नाम को अनुमोदित कराना होता है। अनुमोदन के पश्चात् प्रकाशन के सम्बन्ध में जिला न्यायाधीश के पास घोषणा-पत्र प्रस्तुत करना होता है। इसमें सम्पादक, प्रकाशक व स्वामित्व के सम्बन्ध में विवरण रहता है। इस घोषणा-पत्र के बाद ही प्रकाशन आरम्भ किया जा सकता है। इन विषयों में परिवर्तन होने पर नया घोषणा-पत्र प्रस्तुत करना होगा।

भारत में समाचार-पत्रों के पंजीयक (REGISTRAR OF NEWSPAPERS IN INDIA) प्रारम्भिक समय के लिए अखबारी कागज का कोटा यहीं से आवंटित होता है। दैनिक समाचार-पत्र के लिए प्रारम्भ में अखबारी कागज का कोटा 10 हजार प्रतियों को आधार मानकर निश्चित किया जाता है। इसके पश्चात् प्रतिवर्ष निर्धारित प्रपत्र में अखबारी कागज का कोटा आवंटित कराने के लिए प्रार्थना-पत्र देना होता है। अखबारी कागज के कोटे के लिए अखबारी कागज नीति के अनुसार फार्म नम्बर 'एनपी प्रथम व द्वितीय' में पंजीयक को आवेदन करना होता है। पंजीयक को स्वामित्व, प्रसार संख्या के बारे में वार्षिक प्रतिवेदन व 'ए आर-4' फार्म प्रतिवर्ष 28 फरवरी तक प्रस्तुत करना होता है। प्रत्येक प्रकाशन को 28 फरवरी के बाद निकलनेवाले प्रथम अंक में स्वामित्व का विवरण भी प्रकाशित करना होता है।

इसके अलावा समाचार-पत्र के प्रत्येक अंक में मुद्रक, प्रकाशक एवं सम्पादक का नाम एवं प्रकाशन स्थल का पता प्रकाशित कराना आवश्यक है। इसी प्रकार समाचार-पत्र के मुख पृष्ठ पर समाचार-पत्र का नाम, प्रकाशन वर्ष एवं अंक संख्या के साथ-साथ समाचार-पत्र का मूल्य, स्थान एवं तिथि प्रकाशित करना आवश्यक है। इसे आम भाषा में फोलियो (FOLIO) के नाम से जाना जाता है। समाचार-पत्र के प्रत्येक अंक में डाक-घर का पंजीयन नम्बर प्रकाशित करना अनिवार्य है।

मुद्रण यन्त्र एक कारखाने की श्रेणी में आता है, अतः इसके लिए कारखाना एवं बॉयलर विभाग (FACTORY & BOILER DEPARTMENT) से लाइसेंस लेना होता है, जिसका नवीनीकरण प्रतिवर्ष होता है।

एक संस्थान को अपने कर्मचारियों के कल्याण के लिए निम्नलिखित कानूनों का पालन करना भी आवश्यक है—

(अ) कारखाना अधिनियम, 1948

(ब) कर्मचारी भविष्य-निधि और प्रकीर्ण उपलब्ध अधिनियम, 1952

(स) कर्मचारी राज्य बीमा अधिनियम, 1948

(द) बोनस भुगतान अधिनियम, 1972

(य) ग्रेच्युटी भुगतान अधिनियम, 1952

भविष्य-निधि एवं राज्य बीमा अधिनियमों के प्रावधानों के अनुसार कर्मचारियों के वेतन में से इस हेतु अंशदान काटा जाता है। इसमें नियोजक अपना अंशदान मिलाकर उसे राजकीय कोष में जमा कराता है। यदि किसी

कर्मचारी की आय करमुक्त सीमा से अधिक हो तो नियोजक को स्रोत पर आयकर की कटौती भी करनी होती है और उसे राजकीय कोष में जमा कराया जाता है।

अगर किसी व्यवसायी को आयकर अधिनियम, 1961 के प्रावधानों के अन्तर्गत आयकर जमा कराना है, तो उसे वार्षिक विवरणी आयकर कार्यालय में दाखिल करनी होती है। इसी प्रकार कई वस्तुओं की खरीद में बिक्रीकर की छूट लेने हेतु समाचार-पत्र संस्थान को केन्द्रीय व राज्य बिक्रीकर विभाग में अपना पंजीयन करवाना लाभदायक होता है।

12.8. प्रकाशन की प्रतियाँ भेजने का प्रावधान—प्रत्येक प्रकाशन की निम्नलिखित सरकारी कार्यालयों, पुस्तकालयों को एक प्रति अनिवार्यतः भेजनी होती है—

(अ) समाचार-पत्र पंजीयक कार्यालय, भारत सरकार, नई दिल्ली;

(ब) सम्बन्धित जिला न्यायाधीश;

(स) विज्ञापन एवं दृश्य प्रचार निदेशालय;

(द) सूचना एवं जनसम्पर्क निदेशालय, राज्य सरकार;

(य) डाक एवं तार विभाग, तथा

(र) राष्ट्रीय पुस्तकालय कलकत्ता, मुम्बई एवं नई दिल्ली।

12.8 (1) समाचार-पत्र का स्वामी या समाचार-पत्र चलानेवाली फर्म के साझेदार शीर्ष प्रबन्ध की श्रेणी में आते हैं। यदि कम्पनी है तो निदेशक मंडल। जो भी हो संस्थान की पहचान के लिए प्रबन्धन का यह अंग ही मुख्य रूप से जिम्मेदार कहा जाता है। मूल रूप से समाचार-पत्र की नीति का निर्धारण भी यही लोग करते हैं। यही शीर्ष प्रबन्ध समाचार-पत्र का विक्रय मूल्य, विज्ञापन दर का निर्धारण करता है। समाचार-पत्र के कार्यक्षेत्र सम्बन्धी निर्णय, वित्तीय प्रस्ताव और पूँजी नियोजन से सम्बन्धी मुद्दों पर निर्णय यहीं होते हैं। समाचार-पत्र की भावी योजना, प्रतियोगी समाचार-पत्रों के साथ तुलनात्मक अध्ययन और पाठकों एवं विज्ञापनदाताओं की समाचार-पत्र के बारे में राय का आकलन शीर्ष प्रबन्ध के द्वारा ही किया जाता है। शीर्ष प्रबन्ध ही नए संस्करण, नई मशीन, नए उपकरण, भूमि और भवन वगैरह के लेनदेन के बारे में निर्णय करता है। संगठन के ढाँचे में व्याप्त अनुशासन का स्तर, नियन्त्रण का स्वरूप तथा प्रशिक्षण योजनाओं को अन्तिम रूप संस्था प्रमुख द्वारा ही दिया जाता है।

विभिन्न कानूनी मुद्दों पर विचार-विमर्श, संवैधानिक प्रावधानों में हुए या

होनेवाले परिवर्तनों पर कानूनी सलाह, संस्थान के वित्तीय संगठन के बारे में व्यावसायिक परामर्श के बाद संस्था के विभिन्न मुद्दे यहीं तय किए जाते हैं।

शीर्ष प्रबन्धक व्यक्तियों का व्यवहार आमतौर पर आदर्श माना जाता है; हर अच्छे कार्य का श्रेय कर्मचारियों को देना तथा गलतियों को स्वयं पर ओढ़ लेना। कर्मचारियों के निजी एवं पारिवारिक दुःख-सुख में जो प्रबन्ध जितना आगे आएगा, उसके सामने सभी कानूनी एवं वैधानिक आवश्यकताएँ बहुत छोटी रह जाएँगी। तब किसी भी कर्मचारी को उसके कार्य के बारे में एक शब्द भी कहने की आवश्यकता नहीं रहेगी।

12.9. **डाक एवं तार विभाग**—डाक एवं तार विभाग समाचार-पत्रों को सामान्य दर से कम डाक-व्यय पर एक स्थान से दूसरे स्थान पर सुपुर्द करने की सुविधा देता है। इसके लिए प्रत्येक प्रकाशन को सम्बन्धित पोस्टमास्टर के पास पंजीयन करवाना होता है। इस पंजीयन का प्रतिवर्ष नवम्बर तक नवीनीकरण करवाना होता है।

संचार सेवाओं में समाचार-पत्रों को दी जानेवाली प्राथमिकताएँ एवं रियायतें निम्न प्रकार हैं—

(अ) **टेलीफोन**—टेलीफोन बुकिंग के लिए समाचार-पत्रों को विशिष्ट श्रेणी में रखा गया है। एक समाचार-पत्र दो टेलीफोन विशिष्ट श्रेणी में बुक कराने का अधिकारी है। यदि समाचार-पत्र राष्ट्रीय स्तर का है तथा उसकी प्रसार संख्या एक लाख से अधिक है, तो उसे विशिष्ट श्रेणी में चार टेलीफोन बुक कराने की सुविधा है।

सक्षम अधिकारी को प्रार्थना-पत्र देकर समाचार-पत्र के टेलीफोन नम्बरों को प्रेस टेलीफोन की सूची में पंजीकृत करवाया जा सकता है। इस तरह पंजीकृत किए गए टेलीफोन नम्बर से किए गए ट्रंककाल पर साढ़े बारह प्रतिशत की रियायत दी जाती है।

(ब) **टेलीप्रिंटर**—समाचार-संकलन के लिए टेलीप्रिंटर का माध्यम विशेष महत्त्व रखता है। समाचार-पत्रों को टेलीप्रिंटर सर्किट के किराये पर दो तिहाई की रियायत दी जाती है। समाचार-पत्रों को पूर्णकालिक टेलीप्रिंटर सुविधा के अलावा अंशकालिक सुविधा भी उपलब्ध है, जिसमें समाचार-पत्र से पूर्णकालिक दर का आधा किराया लिया जाता है।

(स) तार—सबसे सुलभ सम्प्रेषण का साधन है तार, जो कि आज लगभग

सभी डाक घरों से बुक किया जा सकता है। अधिकतर संवाददाता छोटे कस्बों या गाँवों में होते हैं। उनके लिए तार की सुविधा का महत्त्व है। समाचार-पत्रों के संवाददाताओं के लिए तार विभाग की विशेष सुविधा यह है कि वह समाचार-पत्र के आवेदन-पत्र पर उसके संवाददाता के नाम से एक बी.पी.ए. कार्ड जारी करता है। संवाददाता द्वारा समाचार का तार भेजते समय तार घर को भुगतान नहीं करना पड़ता। तार विभाग इसका भुगतान समाचार-पत्र कार्यालय को बिल प्रस्तुत करके ले लेता है। यही सुविधा अन्तर्राष्ट्रीय तार, फैक्स, टेलैक्स आदि सेवाओं के लिए भी उपलब्ध है।

12.10. समाचार-पत्रों से सम्बन्धित महत्त्वपूर्ण संस्थाएँ—किसी भी नए समाचार-पत्र के लिए यह आवश्यक है कि जैसे ही उसकी प्रसार संख्या का स्वरूप स्थायी होने लगे, उसे देश की कम से कम दो प्रमुख संस्थाओं इंडियन न्यूजपेपर सोसाइटी (INDIAN NEWSPAPER SOCIETY—INS) और आडिट ब्यूरो ऑफ सर्कुलेशन (AUDIT BUREAU OF CIRCULATION—ABC) की सदस्यता ग्रहण कर लेनी चाहिए। आई.एन.एस. की सदस्यता के साथ ही तुरन्त राष्ट्रीय स्तर की सभी विज्ञापन एजेन्सियों का लाभ मिल सकेगा और साथ ही साथ विज्ञापन बिलों के भुगतान की राशि भी सुरक्षित हो जाएगी। इसी प्रकार ए.बी.सी. की सदस्यता प्राप्त करने से प्रसार संख्या के आँकड़े पर प्रामाणिकता की मोहर लग जाती है, जिसका सीधा सम्बन्ध साख से है। देश की लगभग सभी बड़ी एजेन्सियाँ तुरन्त विज्ञापन भेजने लग जाती हैं और कुछ ही समय में समाचार-पत्र विकास के मार्ग पर तेजी से अग्रसर होने लगता है।

12.11. समाचार-पत्र के प्रकाशन की सूचना राज्य के सूचना एवं जनसम्पर्क निदेशालय (DIRECTORATE OF INFORMATION AND PUBLIC RELATIONS) को भी देनी आवश्यक है। यहीं से समाचार-पत्र के पत्रकारों का अधिस्वीकरण (ACCREDITATION) होता है। राज्य सरकार के विभिन्न विज्ञापन एवं विज्ञप्तियाँ भी यहीं से जारी होती हैं। इस पंजीयन के बाद ही समाचार-पत्र के संवाददाताओं को विभिन्न संवाददाता सम्मेलनों में आमन्त्रित किया जा सकेगा।

13

प्रेस सम्बन्धी विविध कानून

भारत के संविधान में सभी नागरिकों को प्रेस की आजादी की गारंटी दी गई है। किन्तु देश की सम्प्रभुता, सुरक्षा और एकता के हित में और विदेशों से सम्बन्धों तथा कानून और व्यवस्था, शालीनता और नैतिकता या अदालत की अवमानना, मानहानि या अपराध को प्रोत्साहन के मामलों में इस अधिकार पर राज्य द्वारा अंकुश लगाया जा सकता है। उच्चतम न्यायालय से लेकर मुख्य न्यायालयों को अदालत की अवमानना करनेवालों को दंड देने का अधिकार है। संविधान में यह भी व्यवस्था है कि कोई भी व्यक्ति संसद व राज्य विधान मंडलों की कार्यवाही को सही ढंग से बिना किसी प्रकार की दीवानी व फौजदारी कार्यवाही के भय के प्रकाशित कर सकता है। लेकिन यह छूट दोनों सदनों की गोपनीय बैठकों के समाचार देने पर लागू नहीं होती। यह छूट उस स्थिति में भी नहीं मिलेगी यदि यह प्रमाणित हो जाए कि ये समाचार दुर्भावना से छापे गए हैं। संविधान के

अनुच्छेद 19 (2) में प्रेस की स्वतन्त्रता के अधिकार की परिसीमाएँ विहित हैं।

प्रेस और प्रेस की विभिन्न गतिविधियों से सम्बन्धित भारत में इस समय प्रभावी सभी कानूनों का अनुच्छेद 19 (2) को दृष्टि में रखकर निम्न प्रकार वर्गीकरण किया जा सकता है—

अदालत की अवमानना अधिनियम, 1952

इस अधिनियम में प्रावधान है कि मुख्य न्यायालय 'रिकार्ड न्यायालय' के रूप में अपनी खुद की अवमानना या अपने अधीनस्थ न्यायालयों की अवमानना के लिए दंड दे सकती है, चाहे यह अवमानना अदालत के अधिकार क्षेत्र के अन्दर या बाहर की गई हो। इस अधिनियम में इस अधिकार को सीमित करने का भी प्रावधान है। अवमानना के अपराध दीवानी और फौजदारी, दोनों हो सकते हैं। जानबूझकर किसी अदालती फैसले, निर्देश, आदेश या रिट तथा अदालत की ओर की प्रक्रियाओं की अवहेलना करना तथा अदालत में किए गए वायदों की अवहेलना करना, ये सब अदालत की अवमानना के दीवानी अपराध माने गए हैं। आपराधिक अवमानना का अर्थ ऐसी अवमाननापूर्ण सामग्री का प्रकाशन और प्रसारण है जो चाहे शब्दों के जरिये हो या लिखित हो, या ऐसे चिह्न बनाकर की गई हो, या अन्य तरीकों से की गई हो। आपराधिक अवमानना में ऐसी सामग्री का प्रकाशन भी शामिल है जो अदालत को बदनाम करनेवाली हो या बदनाम करने की नीयत से प्रकाशित की गई हो या उसके अधिकारों की प्रतिष्ठा को गिरानेवाली हो या गिराने की नीयत से की गई हो। अदालती कार्यवाही में बाधा डालने या उसे प्रभावित करने की कार्यवाही भी फौजदारी अवमानना की श्रेणी में आती है।

विधान मण्डलों की अवहेलना—संसद सदस्यों व विधान मण्डलों के सदस्यों को संविधान के अन्तर्गत कुछ विशेषाधिकार प्राप्त हैं। यदि कोई समाचार-पत्र उन विशेषाधिकारों का हनन करता है, तो वह सभा सजा दे सकती है जिसकी अवमानना की गई हो।

संसदीय कार्यवाही (प्रकाशन संरक्षण) अधिनियम, 1977

इस कानून के माध्यम से समाचार-पत्रों और दूसरे प्रचार-माध्यमों को संरक्षण प्रदान

किया गया है। संसद की कार्यवाही के प्रकाशन के मामले में अदालतों में उन पर कोई कार्यवाही नहीं हो सकती। यह कानून फिरोज गांधी अधिनियम, 1956 के आधार पर बनाया गया है। फिरोज गांधी अधिनियम बाद में सन् 1976 में निरस्त कर दिया गया। लोकतन्त्र में जनमत का विशेष महत्त्व है और उसे ही लोकतान्त्रिक सरकार का आधार माना जाता है। इसलिए यह जरूरी समझा गया कि संसद की कार्यवाही की जानकारी जनता को हो।

कॉपीराइट अधिनियम, 1957

इस अधिनियम का उद्‌देश्य कॉपीराइट सम्बन्धी कानूनों को एकीकृत करना है। यह लेखकों के अधिकारों को संरक्षण प्रदान करता है। इसमें कोई भी साहित्यिक कृति, नाटक, संगीत, कलात्मक चित्र, फिल्में आदि शामिल हैं। कॉपीराइट (संशोधन) अधिनियम, 1984 में यह प्रावधान किया गया है कि अप्रकाशित कृतियों के अनुवाद और उन्हें प्रकाशित करने के लिए लाइसेंस के बारे में विस्तार से जानकारी दी गई है। जाब्ता फौजदारी कानून सरकार को यह अधिकार देता है कि वह ऐसा कोई भी समाचार-पत्र या पुस्तक जब्त कर सकती है कि जिसके बारे में यह लगे कि वह घृणा फैलानेवाली हो या अवमाननापूर्ण हो या राजद्रोह फैलानेवाली हो। यह कानून जम्मू कश्मीर को छोड़कर सम्पूर्ण भारत में लागू है।

पुस्तक और समाचार-पत्र परिदान (सार्वजनिक पुस्तकालय) अधिनियम, 1954

देश के विभिन्न भागों में सार्वजनिक पुस्तकालयों का विकास करने के उद्‌देश्य से यह अधिनियम पारित किया गया है। सन् 1956 में इस कानून में संशोधन करके समाचार-पत्रों को भी इसके दायरे में लाया गया, ताकि समाचार-पत्र भी इन पुस्तकालयों में उपलब्ध हो सकें।

प्रेस और पुस्तक पंजीयन अधिनियम, 1867

इस कानून का उद्‌देश्य समाचार-पत्रों और छापाखानों का नियमन करना और भारत में प्रकाशित पुस्तकों का पंजीयन करना है। इस कानून के तहत हर समाचार-पत्र के प्रकाशक का यह दायित्व है कि वह पंजीयक को वार्षिक विवरण

प्रस्तुत करे। समाचार-पत्रों के मामले में यह कानून सन् 1983 से सिक्किम में भी लागू कर दिया गया है।

प्रेस परिषद् अधिनियम, 1978

इस कानून के तहत एक 19 सदस्यीय प्रेस परिषद् बनाई गई है, जिसका उद्देश्य समाचार-पत्रों की स्वतन्त्रता की रक्षा करना है। इसके साथ ही इसका उद्देश्य भारत में समाचार-पत्रों और समाचार एजेन्सियों के स्तर को सुधारना भी है।

भारत रक्षा कानून, 1971

इस कानून में सुरक्षा के लिए विशेष प्रावधान है। इस कानून के तहत सरकार को नियम बनाने का अधिकार दिया है और वह इसके तहत नागरिक सुरक्षा और नैतिक गतिविधियों के खिलाफ प्रकाशन पर कार्यवाही कर सकती है। किसी भी प्रकाशन—समाचार-पत्र, पुस्तक, पर्चे अथवा अन्य दस्तावेज पर रोक लगा सकती है यदि उसे लगे कि वह भारत की रक्षा के खिलाफ है। इस कानून के तहत किसी भी प्रेस की जमानत माँगी जा सकती है, उसे बन्द किया जा सकता है और जिस कानून में इस तरह का छापाखाना हो उसको भी ताला लगाया जा सकता है।

भारतीय सरकारी गोपनीयता अधिनियम, 1963

सरकारी गोपनीयता मामलों से सम्बन्धित कानूनों को एकीकृत करने के उद्देश्य से यह कानून पारित किया गया है। यदि कोई व्यक्ति किसी ऐसे उद्देश्य से जो राज्य के हित में नहीं है, किसी निषिद्ध स्थान में प्रवेश करता है, गोपनीय दस्तावेज देखता है या किसी को सूचना देता है, कोई ऐसा चित्र या नक्शा बनाता है, अथवा कुछ लिखता है जिसका उद्देश्य दुश्मन को फायदा पहुँचाना हो या फिर ऐसी चीजों को जमा करता है, प्रकाशित करता है, प्रकाशित कर दूसरों को बताता है और यदि उनसे दुश्मन को प्रत्यक्ष या अप्रत्यक्ष लाभ होता है, तो वह इस अधिनियम के तहत अपराध माना जाएगा।

भारतीय दंड संहिता, 1860

इसके तहत ऐसे किसी भी काम पर रोक है जिससे सरकार के विरुद्ध घृणा पैदा होती है। विभिन्न वर्गों के प्रति शत्रुता या घृणा का भाव पैदा होता है। इसमें यह प्रावधान है कि कोई भी ऐसी पुस्तक, पर्चा, समाचार-पत्र, लेख या ड्राइंग, पेंटिंग, चित्र या कोई भी अन्य वस्तु यदि कामोत्तेजक है, तो उसे अश्लील माना जाएगा। ऐसी सामग्री जिससे पढ़ने या देखने या सुननेवालों पर कुप्रभाव होता हो और वह उन्हें भ्रष्ट करता हो, अश्लील मानी जाएगी।

भारतीय डाकघर अधिनियम, 1898

इस कानून के तहत अनधिकृत लाटरियों के टिकट का प्रस्ताव डाक से भेजना अवैध है। इसी तरह कोई भी भद्दा या अश्लील चित्र, पेंटिंग, फोटोग्राफ, पुस्तक या कोई दूसरी अश्लील वस्तु भी डाक से भेजना अवैध है। यदि किसी कागज पर ऐसे शब्द या चिह्न अंकित हों जो भद्दे और अश्लील हों, भेजना गैरकानूनी है। जो पुस्तकें या समाचार-पत्र या पुस्तक पंजीयन कानून, 1867 के विरुद्ध छापे गए हों, उन्हें भेजना भी अवैध है। डाकघर के अधिकारियों को यह अधिकार है कि वह ऐसी सामग्री जो आपत्तिजनक हो, को रोक लें।

भारतीय तार अधिनियम, 1885

इस अधिनियम के तहत सरकार को या उसकी ओर से अधिकृत किसी अधिकारी को विशेष परिस्थिति में या लोकहित में किसी भी तार सन्देश को रोक लेने और उसे सरकार को बता देने का अधिकार है।

श्रमजीवी पत्रकार (मजदूरी दर विनिमयन) अधिनियम, 1958

इस कानून में श्रमजीवी पत्रकारों की वेतन दरें निर्धारित करने का प्रावधान है। इसमें श्रमजीवी पत्रकारों के लिए ग्रेच्युटी और भविष्य-निधि का प्रावधान भी दिया गया है। इस कानून के जरिये श्रमजीवी पत्रकारों के काम के घंटे, सवैतनिक छुट्टियों और सेवा समाप्ति के लिए नोटिस की अवधि के भी प्रावधान किए गए हैं।

श्रमजीवी पत्रकार (सेवा शर्तें और विविध प्रावधान) (संशोधन) अधिनियम, 1974

इस कानून के जरिये श्रमजीवी पत्रकार (सेवा की शर्तें और विविध प्रावधान) अधिनियम, 1955 को समाचार-पत्रों के अन्य गैरपत्रकार कर्मचारियों पर भी लागू किया गया है।

श्रमजीवी पत्रकार और अन्य समाचार-पत्र कर्मचारी (सेवा शर्तें और विविध प्रावधान) (संशोधन) अधिनियम, 1981

इस कानून में यह प्रावधान है कि किसी भी समाचार-पत्र प्रतिष्ठान का नियोक्ता केवल इस आधार पर किसी कर्मचारी को बर्खास्त या सेवामुक्त नहीं कर सकता कि वह केन्द्रीय सरकार द्वारा 12, 13 ए.ए. या 13 डी.डी. के तहत जारी आदेश के अनुसार उसे वेतन देने में असमर्थ है। यह अधिनियम अंशकालिक कर्मचारियों को भी संरक्षण प्रदान करता है।

उपरोक्त के अतिरिक्त अन्य प्रमुख कानूनों की सूची निम्न प्रकार है—

(अ) शिष्टाचार और सदाचार के हित में प्रेस को प्रभावित करनेवाले कानून—

1. भारतीय दंड संहिता धारा 293, 295क
2. दंड प्रक्रिया संहिता धारा 199
3. नाट्य प्रदर्शन अधिनियम, 1876
4. औषधि और चमत्कारिक उपचार (आक्षेपणीय विज्ञापन) अधिनियम, 1954
5. लोक प्रतिनिधित्व अधिनियम, 1951
6. पुरस्कार प्रतियोगिता अधिनियम, 1955
7. अल्पवय व्यक्ति (अपहानिकर प्रकाशन) अधिनियम, 1956

(ब) प्रेस की स्वाधीनता को नियन्त्रित करनेवाले कानून—

1. सम्प्रतीक और नाम का (अनुचित प्रयोग निवारण) अधिनियम, 1950
2. बालक अधिनियम, 1960

3. हिन्दू विवाह अधिनियम, 1955
4. परमाणु ऊर्जा अधिनियम, 1962
5. सीमा शुल्क अधिनियम, 1962
6. समाचार-पत्र (मूल्य नियन्त्रण) अधिनियम, 1972

(स) सामान्य श्रम कानून—

1. शिक्षु (अपरेटिंस) अधिनियम
2. कारखाना अधिनियम
3. औद्योगिक विवाद अधिनियम
4. न्यूनतम मजदूरी अधिनियम
5. मजदूरी संकाय अधिनियम
6. कर्मचारी भविष्य-निधि अधिनियम
7. कर्मचारी राज्य बीमा अधिनियम
8. औद्योगिक नियोजन (स्थायी आदेश) अधिनियम
9. प्रसूति सुविधा अधिनियम
10. कर्मकार प्रतिकर अधिनियम
11. दूकान तथा संस्थान अधिनियम।

समाचार-चित्र

परिशिष्ट

1. समाचार-पत्र का संस्थागत ढाँचा
2. सम्पादकीय विभाग
3. भारत सरकार की सूचना सेवा
4. समाचार-पत्रों एवं कर्मचारियों के संगठन
5. व्यापारिक एवं व्यावसायिक संगठन
6. प्रेस परिषद् के निर्णय
7. विज्ञापन डमी
8. समाचार-चित्र
9. कार्टून
10. मानचित्र
11. ग्राफ
12. चित्र कथाएँ

परिशिष्ट-1

समाचार-पत्र का संस्थागत ढाँचा

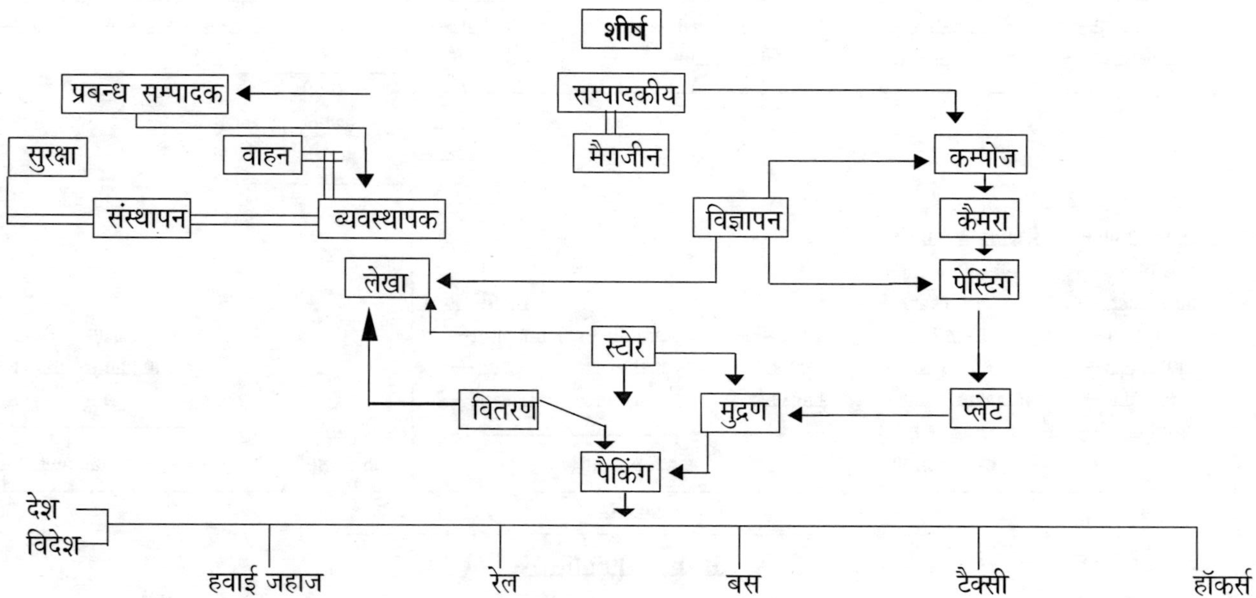

परिशिष्ट-2

सम्पादकीय विभाग

सम्पादक

- मुख्य संवाददाता
  - नगर संवाददाता (क्षेत्रवार)
  - नगर संवाददाता साधारण
  - छायाकार
- स्थानीय सम्पादक (मुख्य केन्द्र)
  - विशेष लेखक
  - सहायक सम्पादक (दिन)
    - —अनुवादक
    - —प्रशिक्षणार्थी
    - —पत्रकार
    - —मुख्य उप सम्पादक
    - —वरिष्ठ उप सम्पादक
    - —उप सम्पादक
    - —कनिष्ठ उप सम्पादक
    - —मुख्य डैस्क
    - —छायाकार
    - —कार्टूनिस्ट
    - —डिजाइनर
    - —चित्रकथा लेखक
  - सहायक सम्पादक (रात्रि)
    - —समाचार सम्पादक
    - —मुख्य उप सम्पादक
    - —वरिष्ठ उप सम्पादक
    - —उप सम्पादक
    - —कनिष्ठ उप सम्पादक
    - —प्रशिक्षणार्थी
    - —विभिन्न पृष्ठों के सम्पादक
    - —खेल, (अंशकालीन)
    - —वाणिज्य,
    - —सांस्कृतिक
    - —कानून
    - —प्रशिक्षणार्थी
    - —छायाकार
    - —कार्टूनिस्ट
- प्रबन्ध सम्पादक
  - —संस्थापन
  - —वेतन
  - —संवाददाताओं को भुगतान
  - संस्करणों की व्यवस्था
  - —वातावरण
  - —दौरे
  - —जन सम्पर्क
  - —डाक तार
  - —पत्र सूचना
- स्थानीय सम्पादक (अन्य संस्करण)
  - —विशेष संवाददाता
  - —दिल्ली
  - —अन्य प्रान्तों के
  - —विदेशों के
  - —विशेष अभियान के संवाददाता व छायाकार
- अन्य
  - —विभागीय कार्य
  - —अनुशासन
  - —व्यक्तिगत रिपोर्ट
  - —कर्मचारी कल्याण
  - —विशेष समाचार
  - —लोकसभा विधानसभाओं की कार्यवाही

भारत सरकार की सूचना सेवा

1. ऑल इंडिया रेडियो (आकाशवाणी)
   आकाशवाणी भवन, संसद मार्ग, नई दिल्ली-1

2. दूरदर्शन
   मंडी हाउस, कोपरनिकस मार्ग, नई दिल्ली-1

3. प्रेस इन्फार्मेशन ब्यूरो (पत्र सूचना कार्यालय)
   शास्त्री भवन, नई दिल्ली-1

4. डाइरेक्टोरेट ऑफ एडवर्टाइजिंग एंड विजुअल पब्लिसिटी
   (विज्ञापन एवं दृश्य प्रचार निदेशालय)
   पी.टी.आई. भवन, संसद मार्ग, नई दिल्ली-1

5. एक्सटर्नल पब्लिसिटी (विदेश प्रचार)
   शास्त्री भवन, नई दिल्ली-1

6. डाइरेक्टोरेट ऑफ फील्ड पब्लिसिटी क्षेत्र प्रचार निदेशालय
   पूर्वी ब्लाक-4, लेवल-3, आर.के.पुरम, नई दिल्ली-66

7. पब्लिकेशन्स डिवीजन प्रकाशन अनुभाग/प्रभाग
   पटियाला हाउस, नई दिल्ली-1

8. फिल्म्स डिवीजन (फिल्म डिवीजन)
डॉ. जी. देशमुख मार्ग, बम्बई-26

9. फिल्म एंड टेलीविजन इंस्टीट्यूट ऑफ इंडिया
विधि कॉलेज रोड, पुणे-4

10. फोटो डिवीजन
आकाशवाणी भवन, संसद मार्ग, नई दिल्ली-1

11. रिसर्च एंड रैफरेंस डिवीजन (अनुसन्धान एवं सन्दर्भ प्रभाग)
सूचना एवं प्रसारण मंत्रालय, शास्त्री भवन, नई दिल्ली

कर्मचारियों के संगठन

भारत में समाचार-पत्रों एवं उनके कर्मचारियों के प्रमुख संगठन इस प्रकार हैं :

ऑल इंडिया न्यूजपेपर एडिटर्स कान्फ्रेंस
ऑल इंडिया न्यूजपेपर एम्प्लाइज फैडरेशन
ऑल इंडिया स्माल एंड मीडियम न्यूजपेपर फैडरेशन एडिटर्स गिल्ड ऑफ इंडिया
इंडियन न्यूजपेपर सोसाइटी
इंडियन फैडरेशन ऑफ वर्किंग जर्नलिस्ट
इंडियन इंस्टीट्यूट ऑफ मास कम्युनिकेशन
इंडियन लैंग्वेजेज न्यूजपेपर एसोसिएशन
इंडियन रूरल प्रेस एसोसिएशन
नेशनल यूनियन ऑफ जर्नलिस्ट
प्रेस गिल्ड ऑफ इंडिया
प्रेस इंस्टीट्यूट ऑफ इंडिया
स्पेशलाइज्ड पब्लिकेशंस एसोसिएशन
ट्रेड एंड टैक्निकल पब्लिकेशंस एसोसिएशन

व्यापारिक एवं व्यावसायिक संगठन

1. एडवर्टाइज़िंग एजेंसीज एसोसिएशन ऑफ इंडिया
   35, मेकर टावर, 'एफ' कफ परेड, बम्बई-5

2. एडवर्टाइज़िंग एंड पब्लिक रिलेशंस एसोसिएशन
   बी-11/1, जयश्री चैम्बर्स, बहादुरशाह जफर मार्ग,
   नई दिल्ली-1

3. आडिट ब्यूरो ऑफ सर्कुलेशन (ए.बी.सी)
   वेकफील्ड हाउस, बल्लार्ड एस्टेट, बम्बई

4. इंडियन काउंसिल ऑफ पब्लिक रिलेशंस प्रैक्टिशनर्स
   ई-63, साकेत, नई दिल्ली-17

5. दी इंडियन सोसाइटी ऑफ एडवर्टाइजर्स लिमिटेड
   आर्मी एंड नेवी बिल्डिंग, 148, महात्मा गांधी मार्ग, बम्बई-23

6. पब्लिक रिलेशंस सोसाइटी ऑफ इंडिया
   द्वारा सी.वी. नरसिम्हा रेड्डी, 8-3978/4,
   श्रीनगर कॉलोनी, हैदराबाद-500873

7. नेशनल काउंसिल ऑफ एडवर्टाइजिंग एजेंसीज
   803, प्रगति मीनार, 26, राजेन्द्र पैलेस, नई दिल्ली-8

PRESS COUNCIL DECISION AGAINST NEWSPAPERS

(1) N.R. Swami v/s Sunday

The council found the article to be highly defamatory to complainant. There was no basis to make the allegations against the complainant in the article. The editor did not publish the contradiction at an appropriate time. The council decided to issue a warning to the editor.

(P.C.I., Jan. 1981, Rev., 20)

(2) M.S. Farooqui v/s Free Press Bulletin

The council decided that the editor was to be blamed for publishing the contradiction after a delay of five and a half months. He was accordingly admonished.

(P.C.I., Jan. 1981, Rev., 27)

(3) M.D. Saxena v/s Bareilly Darshan

The council was of the opinion that the editor had been indulging in character assassination as he had directly attacked Saxena in his article. The council decided to uphold the complaint and warm the newspaper for attempts at character assassination and bogus news reports pertaining to the Food Corporation of India and Saxena.

(P.C.I., July 1983, Rev., 49)

DEFAMATION CASE
DECISION AGAINST NEWSPAPER

(1) Munshi Ram v/s Mela Ram

Rs. 2,250/- awarded in a Lahore case. The High Court described this sum as 'Substantial'.

(A.I.R., 1925, Mad., 950)

(2) R.K. Karanjia v/s K.M.D. Thackersey

The person libelled by the newspaper was a prominent businessman and industrialist. He claimed Rs. 3,00,000/- as damages, but was ultimately awarded Rs. 1,50,000/-

(Supra note, 19)

(3) The Englishman v/s Lajpat Rai

Rs. 1,500/- awarded in a Calcutta Case.

[I.L.R., 37 Cal., 760 (1910)]

ADVERTISING STANDARDS COUNCIL'S
DECISION AGAINST NEWSPAPERS

(1) Living Media India Limited v/s Agency

Complaint upheld : The CCC felt the advertisement was misleading. The advertiser was requested to be more explicit in their future communications.

[Compilation of cases Vol. 3, 1990-91, Page 65]

(2) Speciality Publication and Printers v/s Agency

Complaint upheld and resolved.

[Compilation of Cases Val. 3, 1990-91, Page 93]

विज्ञापन डमी (Dummy)

चार (एक कॉलम)	समाचार (दो कॉलम)	समाचार (एक कॉलम)	समाचार (दो कॉलम)		समाचार (एक कॉलम) (विज्ञापन) (10 x 1) 1. केपसन : गीतनुमा 2. दाँए हाथ टाप जी टोडी 3. मेटर हिन्दी में 4. ऊपर-नीचे जगह छोड़कर 10 x 1 में छापें। 5. चारों ओर मोटी बार्डर लगाएँ **के.जी. इलेक्ट्रॉनिक्स** **RAKA**
(अल्प बचत) (15 x 2) विज्ञापन सुनहरा अवसर (केपसन) मस्ट, डेट वेल्यू 'टीपीकल' केवल जयपुर संस्करण। मोनोग्राम पेस्ट करें। ऊपर स्ट्रीप लगाएँ। मेटर के ऊपर नीचे कम्पोज़ मेटर पेस्ट करें मेटर अनुवाद भी होगा (एक कॉलम) CONTINENTAL 18	समाचार (एक कॉलम)	समाचार (दो कॉलम)		समाचार (एक कॉलम) समाचार (एक कॉलम)	विडियोकोन (18 x 2) विज्ञापन 1. केपसन : थन्डर्स साउंड 2. साइज : 18 x 2 डीलर्स पते सहित 3. डीलर पते संस्करणों में अलग-अलग हैं। 4. विज्ञापन मस्ट नो शिफ्ट हैं। 5. डाक संस्करण में अलग पते हैं। 6. मेटर अंग्रेजी का है। 7. पते अंग्रेजी लाइनों में बाकी है। 8. फोटो पेस्ट करें। 9. पते नए अलग-अलग (डिजाइन रिपिट 29/7/91 डेस्ट्राय करें) नई डिजाइन संलग्न है। VTV H/152

नेचर केयर (19 x 2) विज्ञापन पार्टी डाबर इंडिया केवल जयपुर जोधपुर बीकानेर छापें केप्सन नेचुर केयर को, नं. 22008 मेटर हिन्दी का है। इसी पेज पर छापें बीकानेर संस्करण का मेटर अलग है। RO58644	समाचार (एक कॉलम) समाचार (एक कॉलम)	समाचार (एक कॉलम)	समाचार (एक कॉलम) सिनेमा दूरदर्शन आकाशवाणी	मोटोशेल (17 X 3) 1. पार्टी रिंकी इंडस्ट्रीयल आयल 2. की. म. ARO 5864 HIN केप्सन मोटोशल 3. हर संस्करण में मेटर अलग-अलग है। 4. मेटर हिन्दी का है 5. मेटर बाकी कैमरा विभाग 6. पेज 9 गारंटेड पोजिशन है। MUDRAA
1. पार्टी : टैगोर कम्प्यूटर्स 2. केप्सन PCS DG 3. X मार्क पर दो जगह मेटर पेस्ट करें 4. Y मार्क ब्रोमाइड पेस्ट करें	(कम्प्यूटर विज्ञापन पॉजिटीव में जा रही	पाईंट) बार्डर के अन्दर	6 x 8	5 डिजाइन में मार्क हिस्सा रिवर्स करें एवं दर्शाए स्थान पर स्क्रीन डालें PINKCITY

समाचार-चित्र

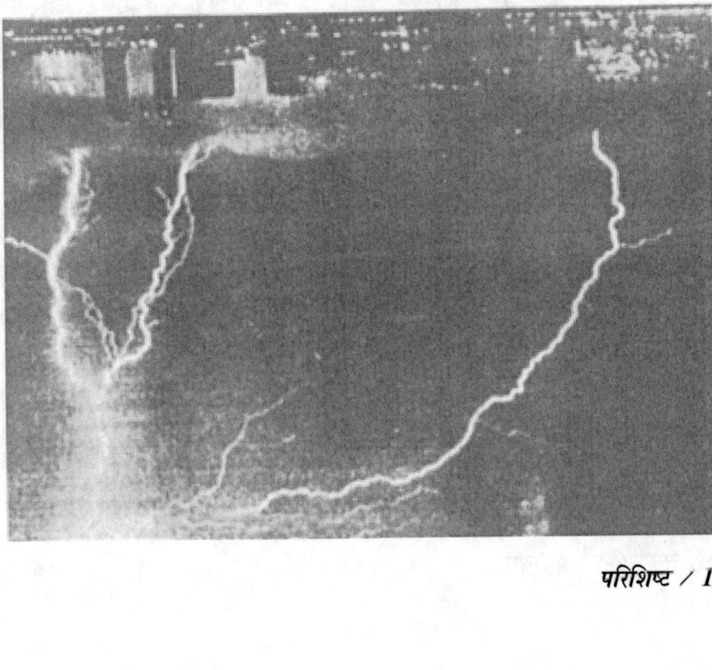

कार्टून

झरोखा
परिवहन निरीक्षक कर चोरी
पर अंकुश के लिए सुझाव दें
...आपकी घास से यारी -
इस बारे में आपके
सुझाव ?
त्रिशंकु

झरोखा
त्रिशंकु
...हमारे विभाग के भ्रष्ट लोगों की जो
हमने सूची भेजी थी, उसके बारे में पूछा
गया है कि - क्या सिर्फ वे ही भ्रष्ट हैं
जिनके खिलाफ मामले चल रहे हैं

झरोखा
...पहले मास्टर जी ने इस विषय की सिर्फ दो कापियां मंगवाईं थी, मगर दूसरे मास्टर जी ने चार कापियाँ और मंगवाईं, तीसरे वालों वालों ने नए सिरे से 10 के लिए कहा, और अब जो मास्टर जी आए हैं वे पांच कापियां फुल स्केप साइज की चाहते हैं...
शिक्षकों के तबादले
-त्रिशंकु

झरोखा
...जाने कहाँ से रोज रोज नई बातें सीख आता है - पहले तो अपनी जिद मनवाने के लिए अनशन की धमकी देता था, मगर आज मेरे नए जूतों के अपहरण की धमकी दे रहा है...
-त्रिशंकु

मानचित्र

मानसून की प्रगति

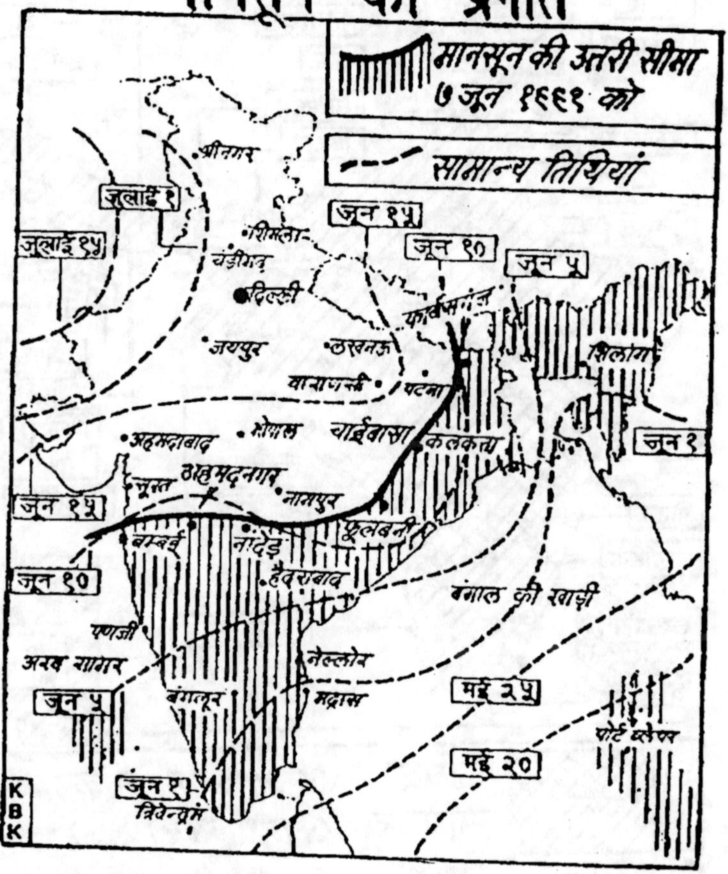

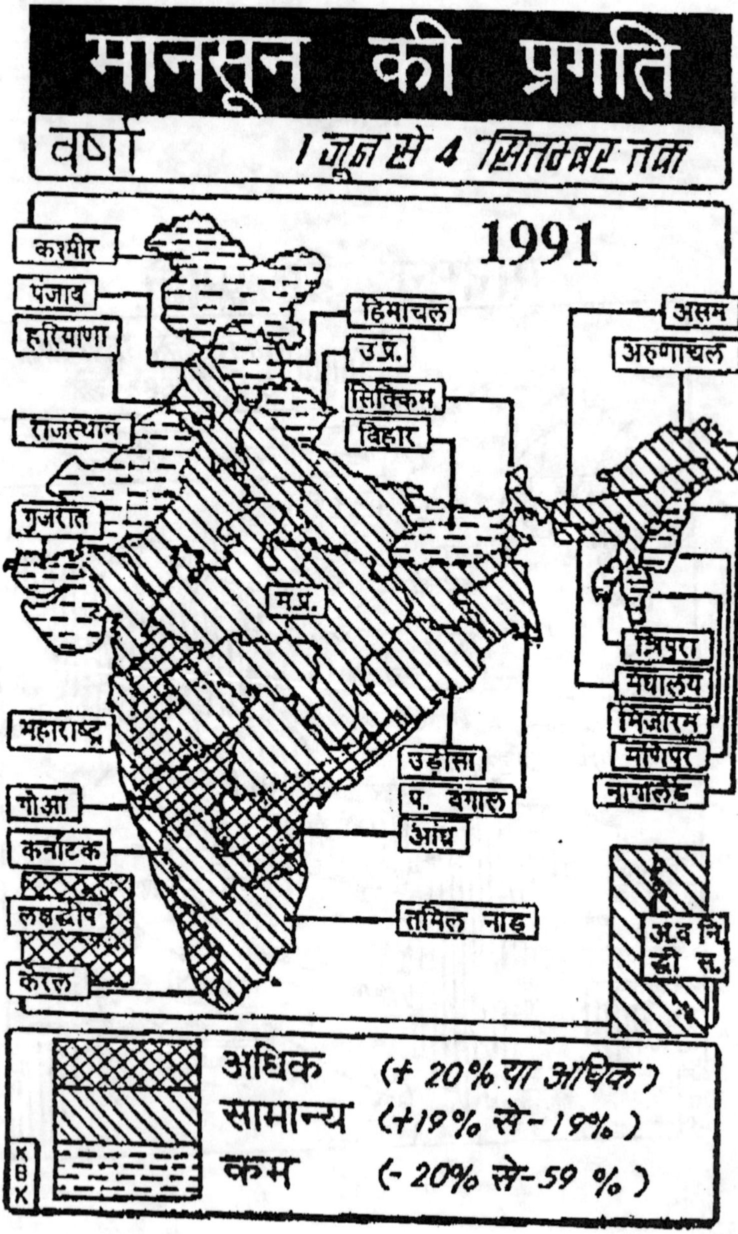
मानसून की प्रगति
वर्षा
1 जून से 4 सितम्बर तक
1991
कश्मीर
पंजाब
हरियाणा
हिमाचल
उ.प्र.
सिक्किम
बिहार
असम
अरुणाचल
राजस्थान
गुजरात
म.प्र.
महाराष्ट्र
गोआ
कर्नाटक
लक्षद्वीप
केरल
उड़ीसा
प. बंगाल
आंध्र
तमिल नाडु
त्रिपुरा
मेघालय
मिजोरम
मणिपुर
नागालैंड
अ.व नि
द्वी स.
अधिक (+ 20% या अधिक)
सामान्य (+19% से -19%)
कम (-20% से -59 %)

ग्राफ

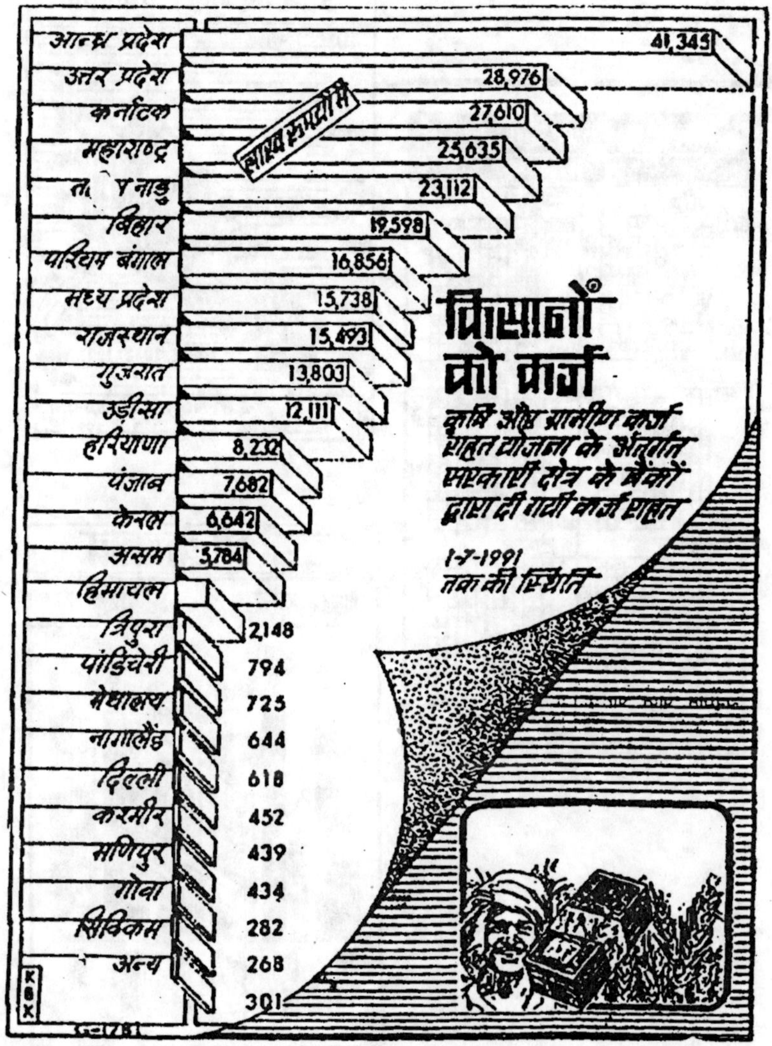
लाख रुपयों में
आन्ध्र प्रदेश 41,345
उत्तर प्रदेश 28,976
कर्नाटक 27,610
महाराष्ट्र 25,635
नाडु 23,112
बिहार 19,598
पश्चिम बंगाल 16,856
मध्य प्रदेश 15,738
राजस्थान 15,493
गुजरात 13,803
उड़ीसा 12,111
हरियाणा 8,232
पंजाब 7,682
केरल 6,642
असम 5,784
हिमाचल
त्रिपुरा 2,148
पांडिचेरी 794
मेघालय 725
नागालैंड 644
दिल्ली 618
कश्मीर 452
मणिपुर 439
गोवा 434
सिक्किम 282
अन्य 268
301
किसानों को कर्ज
कृषि और ग्रामीण कर्ज राहत योजना के अंतर्गत सरकारी क्षेत्र के बैंकों द्वारा दी गयी कर्ज राहत
1-7-1991 तक की स्थिति

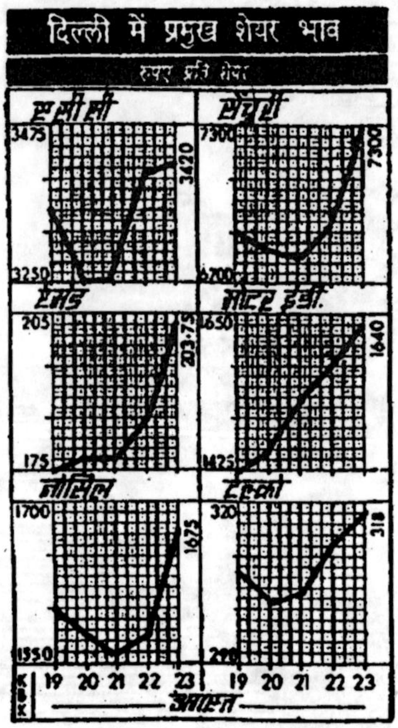
दिल्ली में प्रमुख शेयर भाव
रुपए प्रति शेयर
अगस्त

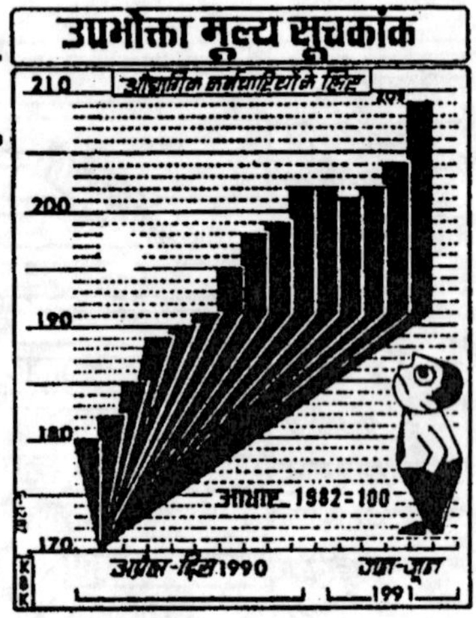
उपभोक्ता मूल्य सूचकांक
आधार 1982=100
1991

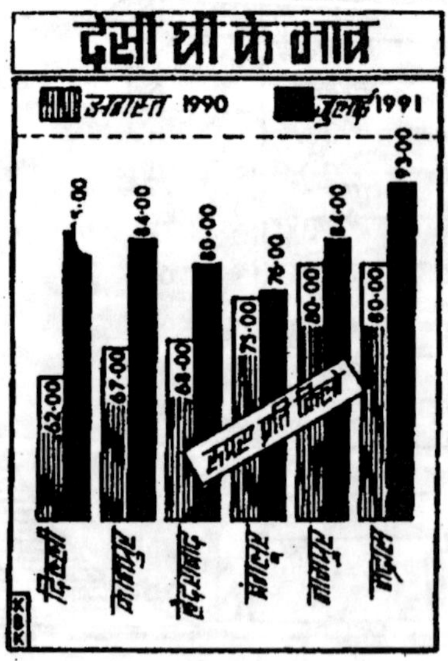
देसी घी के भाव
अगस्त 1990
जुलाई 1991
रुपए प्रति किलो
दिल्ली
कानपुर
हैदराबाद
नागपुर
मद्रास

चित्रकथाएँ

सोने का सिट्टा 16

सोने का सिट्टा 7

सोने का सिट्टा 5

विक्रम
विक्रम भेस बदल कर मि. क्विंट बन गया.
मैं तैयार हूं, सर!
लो, इसे अपनी कलाई पर बांध लो. यह नन्ही सी पिस्तौल है और इसमें दो गोलियां हैं!
गुडलक, विक्रम!
शुक्रिया, सर!
हैलो, प्लूटोन... हम मि. क्विंट को भेज रहे हैं. कृपया यात्रियों को आजाद कर दो!
जैसे मि. क्विंट हमारे पास पहुंचेंगे, यात्री आजाद कर दिये जायेंगे.
हम जीत गये!
देखो! मि. क्विंट आ गये!
यात्रियों को छोड़ दो!
हैलो... नियंत्रण टावर... हमें अपने इस्तेमाल के लिए भी एक विमान की जरूरत है. ईंधन भरा हुआ, उड़ान भरने को तैयार...
कोई चालाकी न की जाए, इसलिए हम एक यात्री को अपने पास बंधक रखेंगे!
अपहरणकर्ताओं ने यात्रियों को छोड़ दिया.
क्रमशः

सोने का सिट्टा

9

कई सुनारों से पूछ कर देख लिया। सोने के सिट्टे नहीं मिले।
आप चिन्ता न करें। कुछ दिन विश्राम करें।
मैं सोने के सिट्टे मंगा दूंगी।
छोटी भाभी की फर्माइश जरूर पूरी होगी।

सन्दर्भ साहित्य

(BIBLIOGRAPHY)

ADHIKARI (Gautam)
Press Council; The Indian Experience.
Press Institute of India, New Delhi, 1971.

AGRAWAL (GC) and AGRAWAL (RR)
Organisational Efficiency in Indian Newspapers,
Vidura, Vol. 23 (6), Dec. 1986

BAKSHI (PM)
Law of Defamation; Some Aspects,
N.M. Tripathi, Bombay, 1986

BASU (Durga Das)
Law of the Press, Printis Hall of India,
New Delhi, 1986

BERGER (Charles R.) and CHAFFEE (Steven H)
Hand-book of Communication Science.
Sage, Newbury, 1987

BHARGAVA (Simton)
Advertising; The Great Outdoor.
India Today, 30 January, 88, Page 130-132

BHATTACHARJEE (Arun)
The Indian Press Profession to Industry,
Vikas, Delhi, 1972

BOHERE (G)
Profession; Journalist, International
Labour Office, Geneva, 1984.

BOSS (Jaideep)
Celebrities in Advertising.
The Telegraph, 8 May, 1988, Page 10-15

CHATERJI (R.K.)
Mass Communication, National Book Trust,
New Delhi, 1973

DHAVAN (Rajeev)
Contempt of Court and the Press,
N.M. Tripathi, Bombay, 1982

ENCYCLOPEDIA AMERICANA. Journalism
Vol. 16, Page 218-222. Newyork, 1959

ENCYCLOPEDIA AMERICANA.
Newspaper etc., Vol. 20, Page 288-297,
Newyork, 1959

ENCYCLOPEDIA AMERICANA.
Advertising, Vol. 1, Page 165-170,
Newyork, 1959

ENCYCLOPEDIA BRITANNICA.
Advertising, Vol. 1, Page 196-205,
Chicago, 1959

ENCYCLOPEDIA BRITANNICA.
Newspaper, Vol. 16, Page 334-361,
Chicago, 1959

EMERY (Edwin) etc.
Introduction to Mass Communications,
Vakils, Bombay, 1965

EVANS (Harold)
Editing and Design, Herieman, London.

EVAS (Robin)
Production and Creativity in Advertising,
Pitmenn, London, 1988

FOX (Rodney) and KERNS (Robert).
Creative News Photography,
lowa State University Press, 1961

HEMAVATI
Advertising is still a Cottage Industry.
Advertising and Marketing,
February, 1990, Page 32-33

HOLMES (Ken). Newspapers Publishers Handbook,
Eastern Countries Newspapers,
Norwich, 1984

JABLIN (Fredric M.)
Hand Book of Organizational Communication,
Sage, 1987

JAIN (Sukamal)
Bhartiya Samachar Patron ka Sangathan aur Prabandha,
Madhya Pradesh Hindi Granth Akadmi, 1972

JOHN (Alun)
Newspaper Photography: A Professional View of Photo Journalism,
Growood, Marllorough, 1988

JOSHI (Sushila)
Hindi Patrakarita-Vikas aur vividh aayam,
Rajasthan Hindi Granth Akadami Jaipur, 1986

KAMATH (M.V.)
The Journalists Hand book,
Asia Publishing House, New Delhi

KEMSLEY MANUAL OF JOURNALISM
Cassell & Co., London, 1950

KESHVAN (B.S.)
History of Printing and Publishing in India,
National Book Trust, 1988

LAVINE (John M.) and WACKMAN (Daniel B)
Managing Media Organizations.
Effective Leadership of the Media,
Langman, London, 1988

MATHUR (N)
Press Advertising, Himalaya, Bombay, 1988

MCCLURE (Lerlie W)
Newspaper Advertising and Promotion,
Edwards, New York, 1957

MOHAN (Manendra)
Advertising Management; Concepts and Cases.
Tata-McGran-Hill, New Delhi, 1989

PRESS INSTITUTE OF INDIA
The Press and the Law, 1968

RADDER (Norman) and STEMPEL (Joh-n E)
Newspaper Editing, Make up and Headlines,
Mc Graw-Hill, New York, 1942

REDWOOD (Peter)
The Development and future of Communications Technique.
Educational Media International.
Vol. 25 (1), Page 9-14, 1988

RIVERS (William L)
The Mass Media; Reporting, Writing,
Editing, Harper & Row, New York, 1964

ROY (Purabi Ghosh)
Advertising and the Print Media.
Vidura, Vol. 25 No. 5, Sept. Oct., 88, Page 21-23

RUCKER (Frank W)
Newspaper Circulation,
lowa State University, 1958

RUCKER (Frank W) and WILLIAMS (Herbert Lee)
Newspaper Organization and Management,
lowa State University Press, 1955

SHEVDE (Anant Gopal)
Samachar Patra Vyavasthapan,
Madhya Pradesh Hindi Granth Akadami, 1979

SHRIVASTAVA (K.M.)
News Reporting and Editing,
Sterling, New Delhi, 1987

SOMMERLAD (E Lloyd)
The Press in Developing Countries,
Atma Ram & Sons, Delhi, 1969

THAYER (Frank)
Newspaper Business Management,
Prentice Hall, New York, 1954

TIWARI (Arjun)
Adhunik Patrakarita,
Vishwavidyalaya Prakashan, Varanasi, 1984

WARD (Hiley H)
Professional News Writing,
Harcourt Brace, San Diego

WHITE (Roderick)
Advertising. Mc Graw-Hill, 1988

WILLIAM (Herbert Lee)
Newspaper Organization and Management.
Surjeet Publications, Delhi

WOODS (Allan)
Modern Newspaper Production,
Harper & Row, New York, 1963

●●●